Donut Backbuch

Das große Donut Rezeptbuch mit den besten
und leckersten Donut Rezepten

1. Auflage 2022

Inhalt

Einleitung

Herrliche Donuts aller Art zu Hause selber zubereiten, wie toll wäre das?
Mit den passenden Zutaten und Zubehör dies auch einfach möglich.
Man muss lediglich die Anleitungen dieses Backbuches befolgen und schon bäckt man seine eigenen Donuts.

Egal ob es klassische, gefüllte oder Donuts mit Topping sein sollen.
Dieses umfangreiche Donutbackbuch bietet eine umfangreiche Auswahl an den leckersten Donuts für den Backofen, Donutmaker und Fritteuse.

Ich wünsche Ihnen nun viel Freude beim Stöbern und nachbacken der Donuts.

Wissenswertes über Donuts und der Zubereitung

Was sind Donuts?

Ein Donut ist ein kreißförmiges, süßes Gebäck, das meistens ein Loch in der Mitte hat. Am ehesten zu vergleichen ist der Donut mit den uns bekannten Krapfen. Donuts werden häufig mit fruchtigen oder cremigen Füllungen zubereitet. Oft gibt es obenauf noch eine Schokolade- oder Zuckerglasur, die man wahlweise noch mit Zuckerstreuseln dekorieren kann. Der Fantasie bei Füllungen oder Dekorationen sind keine Grenzen gesetzt.

Welcher Teig für Donuts?

Donuts bereitet man aus Hefe- oder Rührteig zu. Werden die Donuts aus Hefeteig zubereitet, kann man diese idealerweise in heißem Fett herausbacken, oder auch im Backofen. Werden sie aus Rührteig zubereitet, kann man diese einfach in einem Donutmaker herausbacken.

Wie lange gibt es Donuts schon?

Die erste schriftliche Erwähnung des Donuts stammt aus dem Jahr 1803. Der Donut wird von einem süßen holländischen Gebäck abgeleitet, welches holländische Siedler nach Amerika mitbrachten. Cirka Mitte des 19. Jahrhunderts bürgerte sich der Donut – so wie wir in heute kennen – als typisch amerikanische Süßspeise ein.

Wie sticht man den Teig für Donuts aus?

Zuerst wird der Teig ausgerollt und dann mit einem Donut-Ausstecher ausgestochen. Hat man keinen Donut-Ausstecher, können genauso gut ein Trinkglas und ein kleiner, runder Keksausstecher verwendet werden. Durch den Keksausstecher bekommt man das Loch in der Mitte hin.

Welches Fett wird zum Ausbacken von Donuts verwendet?

Zum Ausbacken verwendet man nur geschmacksneutrale Frittier-Fette oder -Öle, die man hoch erhitzen kann. Dazu zählen z.B. Kokos- oder Palmfett, raffiniertes Sonnenblumen-, Raps- oder Erdnussöl.

Öl und feste Fette sollte man nie mischen.

Was muss ich bei der Teig-Zubereitung unbedingt beachten?

Bei der Teig-Zubereitung sollte man auf jeden Fall eine Sache nicht vergessen, und das ist, die Zutaten auf Zimmertemperatur zu bringen.

Wenn man die Zutaten auf Zimmertemperatur bringt, gelingt der Teig nämlich besser.

Welches Zubehör benötigt man für die Zubereitung von Donuts?

Ich habe hier eine Checkliste erstellt, in welcher Sie entsprechendes Zubehör aufgelistet finden, die Sie zu Zubereitung von Donuts benötigen.

Essenziell:

- Backpapier
- Fritteuse
- tiefen Topf
- Donutmaker
- Küchenkrepp (zum Abtropfen lassen)
- Mixer mit Knethaken Aufsatz (für die Verarbeitung des Teiges)
- Zange oder Schaumlöffel (zum Donuts aus dem Fett heben)

Optional:

- Zuckerthermometer (für das Frittieren)
- Spritzbeutel mit Tüllen (zum befüllen von Donuts)
- Donut-Ausstecher (für das Ausstechen von Donuts)

Was sind die Basiszutaten von klassischen Donuts?

Hefe (am besten Trockenhefe)	**Backpulver**	**Mehl (bei Hefeteig am besten Typ 550 oder 1050 nehmen)**	**Butter**	**Milch**	**zudem: Eier, Zucker, Öl und Salz**

Den Donut Teig zubereiten:

Das Mehl mit der Hefe, dem Zucker und dem Salz in einer Rührschüssel vermengen. Das Ei, in einer separaten Schüssel, mit dem Schneebesen verquirlen. Die Milch und die flüssige Butter zu dem Ei geben und verrühren. Nun kommt die Milch-Butter-Mischung nach und nach zur Mehlmischung hinzu. Jetzt alles gut zu einem weichen Teig verkneten.

Der Teig wird auf einer bemehlten Arbeitsfläche weitere 10 Minuten lang geknetet, bis er geschmeidig und elastisch ist. Jetzt wird der Teig zu einer großen Kugel geformt. In einer leicht eingeölten Schüssel wird der Teig an einem warmen Ort, zugedeckt, für ca. 45 Minuten stehen gelassen (Der Teig muss gehen).
Tipp: Um einen besonders fluffigen Hefeteig hinzubekommen, zahlt es sich aus, den Teig mit Frischhaltefolie abzudecken und über Nacht in den Kühlschrank zu stellen.

Donuts mit Glasur

Donuts mit Himbeerguss (Backofen)

Donuts: 6 Stück

Zutaten:

- Für den Teig:
- 160 g Mehl
- 3/4 TL Backpulver
- 3/4 TL Natron
- 1/4 TL Salz
- 50 g Zucker
- 1 Ei
- 150 g Naturjoghurt
- 1 EL Öl, neutral
- 2 TL Zitronen, den Saft
- 1 TL Vanilleextrakt
- Für den Himbeerguss:
- 2 EL Puderzucker, (gehäuft)
- Sirup, (Himbeersirup)
- Schokostreusel
- Butter, geschmolzen für die Backform
- 2 TL Puderzucker, für die Backform

Zubereitung:

1. Den Ofen auf 180 Grad vorheizen, eine Donutbackform mit etwas geschmolzener Butter ausstreichen und mit 2 TL Puderzucker gut ausstreuen. Das Mehl, Backpulver, Natron und Salz mischen. Den Zucker, Eier, Joghurt, Öl, Zitronensaft und das Vanilleextrakt miteinander verrühren. Die Mehlmischung dazugeben und gut unterrühren. Mit einem EL den Teig nun in die Mulden der Backform geben und die Donuts dann im vorgeheizten Ofen für gute 10-12 Min. backen lassen. Sie sollten eine leicht braune Farbe haben.
2. Für den Guss rührt man 2 geh. EL Puderzucker mit etwas Himbeersirup an. Der Guss sollte zähfließend sein und man gibt ihn dann über jeden einzelnen schönen Donut. Solange er noch nicht fest ist, kann man die Donuts noch mit Schokostreusel bestreuen. Natürlich kann man den Puderzucker auch mit Zitronensaft, Rum usw. anrühren, ganz nach Belieben wie man gerne mag.

Vegane Kürbis-Donuts mit Buttercreme-Glasur (Backofen)

Donuts: 12 Stück

Zutaten:

- **Zutaten für den Teig:**
- 150 g Mehl
- 100 g Zucker
- ½ TL Zimt
- 1 Prise Salz
- ½ Pck. Backpulver
- 100 g feines Kürbispüree
- 100 ml Sojamilch (Sojadrink)
- 20 g Öl
- **Zutaten für die Glasur:**
- 40 g Margarine
- 50 g Puderzucker

Zubereitung:

1. Die ganzen trockenen Teigzutaten in einer Schüssel gut vermengen.
2. In einem Becher Sojamilch, Öl und Kürbispüree so lange vermengen, bis eine homogene dickflüssige Masse entsteht.
3. Kürbismischung zu den trockenen Teigzutaten hinzugeben und alles zu einem festen Teig kneten. Den Teig in 2 gefettete 6er Donutbleche füllen.
4. Im heißen Backofen bei 180 Grad ca. 15 Minuten backen, danach anschließend auf ein Gitter stürzen und auskühlen lassen.
5. Margarine mit dem Puderzucker vermengen und mit dem Handrührer durchmixen. Die Donuts damit bestreichen.

Blaubeer-Donuts (Backofen)

Donuts: 15 Stück

Zutaten:

- 600 g Mehl
- 400 g Zucker
- 4 TL Backpulver
- 2 Prisen Salz
- 4 Eier
- 360 ml Milch
- 60 g Butter, weich
- 2 Tonkabohnen, gerieben
- 200 g Blaubeeren
- **Zutaten für die Glasur:**
- 4 EL griechischer Joghurt
- 4 EL Blaubeersirup
- 500 g Puderzucker

Zubereitung:

1. Den Ofen auf 180 Grad vorheizen und das Donut-Backblech gut einölen.
2. Mehl, Zucker, Backpulver und Salz in einer großen Schüssel gut vermengen.
3. Eier, Milch, Butter und die 2 Tonkabohnen aufschlagen. Zur Mehlmischung geben und zu einem tollen Teig verrühren. Blaubeeren unterheben. Teig in das Backblech füllen und 10-15 Minuten schön backen lassen. Abkuhlen lassen und aus der Form lösen.
4. Für die Glasur den Joghurt mit dem Puderzucker gut verrühren. Sirup dazugeben und zu einer dickflüssigen Masse verarbeiten. Donuts in die Glasur tunken und auf einem Gitterrost abtropfen lassen.

Regenbogen-Donuts mit Joghurt-Teig (Backofen)

Donuts: 8 Stück

Zutaten:

- 160 g Mehl
- 1/4 TL Backpulver
- 70 g Zucker
- 3 g Muskat
- 1/2 TL Salz
- 1 Eigelb
- 110 ml Milch
- 80 g Naturjoghurt
- 30 g Butter
- 1 TL Vanilleextrakt
- 125 g Puderzucker
- bunte Lebensmittelfarbe

Zubereitung:

1. Mehl, Backpulver, Zucker, Muskat und Salz in einer Schüssel mischen.
2. Butter schmelzen lassen und anschließend in einer Schüssel mit Eigelb, 80 ml Milch, Joghurt und Vanilleextrakt verrühren.
3. Die feuchten Zutaten mit den trockenen vermengen.
4. Den Teig in einen Spritzbeutel geben und eine Donutform damit befüllen.
5. Im Backofen bei 200 Grad 15 Minuten backen. Anschließend etwas auskühlen lassen. Für den Guss die restliche Milch mit dem Puderzucker vermischen.
6. Den Guss gleichmäßig in 6 Schüsselchen verteilen. In jede Schüssel eine andere Lebensmittelfarbe geben und mit dem Guss vermischen.
7. Die sechs Guss-Sorten untereinander auf einen großen Teller geben, sodass ein wunderschöner Regenbogen entsteht. Nun die obere Hälfte der Donuts in die Glasur tunken und danach gut trocknen lassen.

Zitronuts (Backofen)

Donuts: 13 Stück

Zutaten:

- 2 EL Margarine
- 200 g Mehl
- 120 g geriebene Mandeln
- 1/2 TL Backpulver
- 1 Msp Natron
- 2 Zitronen
- 5 EL Apfelmus
- 150 g Apfeldicksaft
- 2 EL Vanillezucker
- 100 ml Öl
- 250 ml Mandelmilch
- 80 g Staubzucker

Zubereitung:

1. Das Backblech aus dem Backofen nehmen und diesen dann auf 180° C vorheizen. Auf dem Backblech 12-14 Donutformen platzieren und mit etwas Margarine einfetten.
2. Mehl, Mandeln sowie Natron und Backpulver in einer Rührschüssel gut vermengen. Zitronen unter heißem Wasser waschen und anschließend die Schale abreiben. Die Zitronen halbieren und in ein Glas gut auspressen.
3. In einer anderen Schüssel das Apfelmus mit dem Apfeldicksaft und dem Vanillezucker vermengen und das Öl, die Mandelmilch, sowie zwei Drittel des Zitronensafts und die Hälfte der Schale dazugeben.
4. Der Rührschüssel mit der Mehlmischung nach und nach den Inhalt der zweiten Schüssel hinzugeben. Sobald ein homogener Teig entstanden ist, die Masse gleichmäßig in die Donutformen verteilen.
5. Nun die Donuts für 20 bis 25 Minuten im Backofen backen.
6. In der Zwischenzeit den Staubzucker mit der restlichen Zitronenschalen und dem restlichen Zitronensaft so lange vermischen, bis eine zähflüssige Masse entsteht. Nachdem die Donuts ausgekühlt sind, diese mit dem Zuckerguss schön verzieren.

Topfenölteig-Donuts (Backofen)

Donuts: 8 Stück

Zutaten:

- 220 g Mehl
- 1 Päckchen Backpulver
- 100 g Quark
- 80 g Zucker
- 1 Prise Salz
- 4 EL Öl
- 8 EL Milch
- 1 Päckchen Vanillinzucker
- **Zutaten für den Zuckerguss:**
- 150 g Puderzucker
- 3 EL Zitronensaft
- 4 EL bunte Streusel
- 1 EL rote Lebensmittelfarbe

Zubereitung:

1. Quark, Zucker, Vanillezucker, Salz, Öl und Milch zu einer cremigen Masse rühren. Das Mehl mit Backpulver mischen und diese portionsweise untermengen.
2. Den Ofen auf 180 Grad vorheizen. Die Donutbackform einfetten.
3. Den Donutteig nun in die Donutbackform streichen und für 20 Minuten in den Ofen schieben.
4. Nach der Backzeit die Donuts in der Backform auskühlen lassen, dann vorsichtig herausnehmen.
5. Puderzucker mit Zitronensaft glattrühren und mit der Lebensmittelfarbe färben. Damit die Donuts glasieren und sofort mit bunten Streuseln bestreuen.

Zimt-Apfel-Donuts (Backofen)

Donuts: 12 Stück

Zutaten:

- 1 Tasse Mehl
- 1 Tasse Hafermehl
- 1/2 Tassen Zucker
- 1 1/2 TL Backpulver
- 1/2 TL Zimt
- 1/3 Tasse Milch
- 2 Eier
- 2 EL Butter (geschmolzene)
- 1 TL Vanilleextrakt
- 1 Apfel
- 1 EL Butter (für die Form)
- **Zutaten für das Topping:**
- 2 EL geschmolzene Butter
- 1 EL Zimt
- 1/2 Tassen Zucker

Zubereitung:

1. Den Backofen auf 200 Grad vorheizen. Beide Mehlsorten mit Backpulver, Zucker und Zimt gut vermischen. Äpfel schälen und fein reiben, mit Milch, Eiern, Butter und Vanille-Extrakt verrühren. Jetzt mit der Mehl-Mischung vermengen.
2. Donut-Blech mit ein wenig Butter einfetten. Teig gleichmäßig in die Formen füllen und glatt streichen. Für ca. 10-12 Minuten im Backofen backen. Währenddessen die Butter für das Topping zerlassen und den Zucker mit Zimt mischen.
3. Nach der Backzeit die Donuts herausnehmen und für ca. 5 Minuten abkühlen lassen. Danach mit der flüssigen Butter bestreichen und mit der Zucker-Zimt-Mischung bestreuen. Jetzt nur mehr Trocknen lassen und servieren.

Donuts mit Marshmallows (Backofen)

Donuts: 12 Stück

Zutaten:

- weiche Butter für die Förmchen
- Mehl für die Förmchen
- 150 g Mehl
- 100 g gemahlene geschälte Mandelkerne
- 1 TL Backpulver
- 1 Ei
- 125 g Zucker
- 1 EL Vanillezucker
- 80 ml Pflanzenöl
- 250 ml Buttermilch
- 100 g Mini-Marshmallow
- **Zutaten für die Glasur:**
- 250 g Puderzucker
- 1 EL Himbeersirup
- 1 EL Milch

Zubereitung:

1. Backofen auf 180 Grad (Ober & Unterhitze) vorheizen. Ein Donutblech mit Butter einschmieren und mit Mehl bestäuben.
2. Mehl mit den Mandeln und dem Backpulver vermischen. Das Ei mit dem Zucker und dem Vanillezucker schaumig rühren. Jetzt das Öl und die Buttermilch unterrühren. Mehl hinzugeben und so lange verrühren, bis der Teig glatt ist. Etwa die Hälfte der Marshmallows unterziehen und in die Mulden des Backblechs füllen. Im Backofen für ca. 25 Minuten goldbraun backen.
3. Nach der Backzeit die Donuts für 5 Minuten in der Form abkühlen lassen, herauslösen und auskühlen lassen.
4. Puderzucker mit dem Sirup und der Milch zu einem Guss anrühren. Mit dem Guss die Donuts überziehen und die übrigen Marshmallows darauf verzieren. Trocknen lassen.

Vanillige-Quark-Donuts (Backofen)

Donuts: 23 Stück

Zutaten:

- 100 g Quark
- 10 EL Milch
- 4 EL Öl
- 60 g Zucker
- 1 Pck. Vanillezucker
- 200 g Mehl
- 4 TL Backpulver
- 30 g Puderzucker
- 2 TL Zitronensaft
- Fett für das Blech

Zubereitung:

1. Quark, Milch, Öl, Zucker und Vanillezucker in eine Schüssel geben und alles zu einer schönen homogenen Masse verrühren. Mehl mit Backpulver vermengen und durchkneten, einen Teig herstellen.
2. Ein Blech für Donuts gut einfetten. Den Teig in einen Spritzbeutel (die große Lochtülle verwenden) geben und jede Vertiefung des Donut-Blechs damit bis zur Hälfte füllen, da der Teig noch stark aufgehen wird. Die Form auf einen Backrost geben.
3. Im vorgeheizten Backofen bei 180 Grad Ober-/Unterhitze auf der mittleren Schiene ca. 20 bis 25 Min. backen.
4. Die Donuts anschließend sofort aus der Form auf den Backrost zum Auskühlen legen. Aus Puderzucker und Zitronensaft einen dickflüssigen Guss herstellen und die kalten Donuts damit einpinseln.

Lebkuchen-Donuts mit Cranberry-Marmeladenglasur (Backofen)

Donuts: 18 Stück

Zutaten:

- 2 Tassen Mehl
- 1 EL Backpulver
- 1/2 EL Natron
- 2 EL Zuckerrübensirup
- 12 Tasse brauner Zucker
- 50 ml Buttermilch
- 30 ml Sonnenblumenöl
- 1 TL Zimt
- 1/2 TL Ingwer (gemahlen)
- 1/2 TL Kardamom
- Prise Gewürznelken (gemahlen)
- Prise Muskatnuss
- Prise Salz
- **Zutaten für die Cranberry-Marmeladenglasur:**
- 100 g frische Cranberries
- 50 ml Wasser
- 150 g Rohrzucker
- Prise Salz

Zubereitung:

1. Die trockenen Zutaten miteinander mischen und in einer weiteren Schüssel die feuchten Bestandteile. Danach beide Massen zusammenrühren, bis ein schöner cremiger Teig daraus wird.
2. Jetzt in eine Spritztülle füllen. Damit lässt es sich leichter in die Förmchen verteilen. Beim Befüllen der Förmchen darauf achten, diese nur halb voll

machen, so, dass der Füllstand etwa auf Höhe des „Stiels" in der Mitte liegt. Andernfalls wachsen sie oben zusammen.

3. Nun kommt der Teig für 5-8 Minuten bei 180 Grad Ober-Unterhitze in den Ofen.
4. Die Formen ein paar Minuten auskühlen lassen.
5. Für die Glasur die gewaschenen Cranberries lediglich mit dem Wasser in einem Topf bei niedriger Hitze garen bis die Beeren aufplatzen. Immer schön rühren, bis sie eine marmeladige Konsistenz bekommen. Das sollte nach etwa 10 Minuten sein. Danach sie vom Herd nehmen und auskühlen lassen.
6. In der Zwischenzeit den Zucker und Salz in einen Zerkleinerer geben und so lange mahlen, bis das Ganze eine puddigartige Konsistenz hat.
7. Die Beeren hinzufügen und alles durchmixen, bis sich alles verbunden hat.
8. Jetzt die Donuts kopfüber in die Glasur tauchen oder mit einem Löffel bestreichen und servieren.

Zimt-Nougat-Donuts (Backofen)

Donuts: 12 Stück

Zutaten:

- 100 g Nussnougat (schnittfest)
- 75 ml Milch
- ½ Würfel (21 g) frische Hefe
- 200 g + etwas Mehl
- 50 g Zucker
- 1 Päckchen Vanillin-Zucker
- Salz, ½ TL Zimt
- 50 g + etwas Butter
- 1 Ei (Gr. M)
- 125 g Kuvertüre (nach Belieben Zartbitter, Vollmilch oder beides gemischt)
- kleine Zuckerperlen
- Puderzucker

Zubereitung:

1. Das Nougat kalt stellen. Milch lauwarm erwärmen. Hefe hineinbröckeln und in der Milch auflösen. 200 g Mehl, Zucker, Vanillin-Zucker, 1 Prise Salz, Zimt, Butter und Ei in eine Rührschüssel geben. Hefemilch zugießen und mit den Knethaken des Handrührgeräts zu einem schönen glatten Teig verkneten.
2. Zugedeckt an einem warmen Ort für ca. 50 Minuten gehen lassen.
3. Die Mulden eines Donut-Backblechs (12 Mulden) schön gut einfetten. Nougat in kleine Würfel schneiden und kurz unter den Hefeteig kneten. Teig mit gut bemehlten Händen in 12 gleich große Stücke teilen und in die Mulden drücken.
4. Nochmals ca. 30 Minuten gehen lassen.
5. Backofen vorheizen (E-Herd: 175 °C/Umluft: 150 °C/Gas: Stufe 2). Donuts 18–20 Minuten backen. In der Form kurz abkühlen lassen, dann herausnehmen und auskühlen lassen.
6. Kuvertüre grob hacken und im heißen Wasserbad schmelzen. Einen Teil der Donuts zur Hälfte in die Kuvertüre tauchen. Auf ein Kuchengitter setzen. Etwas antrocknen lassen, mit Perlen verzieren und trocknen lassen.
7. Übrige Donuts mit Puderzucker bestäuben.

Schokoladen-Donuts (Fritteuse/Topf)

Donuts: 18 Stück

Zutaten:

- 125 ml Milch
- 90 g Butter
- 1/2 Pkt. Vanillezucker
- Aroma (Zitronenaroma)
- 500 g Mehl
- 40 g Hefe
- 1/2 TL Zucker
- 1 EL Wasser, lauwarm
- 1/2 TL Salz
- 1 Ei
- 65 g Zucker
- 50 g Schokolade (Vollmilch)
- Fett zum Frittieren

Zubereitung:

1. Milch mit Butter, Vanillezucker und Zitronenaroma leicht erwärmen (z.B. in der Mikrowelle).
2. Das Mehl in eine Schüssel geben und eine Mulde in die Mitte drücken. Hefe, 1/2 TL Zucker und 1 EL lauwarmes Wasser in diese Mulde geben und zusammen mit etwas Mehl vom Rand her einen Vorteig herstellen. Diesen ca. 10 bis 15 Min. gehen lassen.
3. Das Ei, 65 g Zucker, 1/2 TL Salz und die erwärmte Milchmischung zugeben und alles so lange zu einem tollen Teig verkneten, bis sich dieser vom Schüsselrand löst. Evtl. tropfenweise Wasser dafür zugeben. Den Teig zu einer schönen Kugel formen und diese abgedeckt ca. 1 Stunde an einem warmen Ort gehen lassen.
4. Den Teig erneut durchkneten und ca. 2,5 bis 3 cm dick ausrollen. Nun mit einem Glas Kreise ausstechen. Für das Loch in der Mitte mit einem kleinen Schnapsglas den Teig entfernen. Die Donut-Rohlinge auf ein vorbereitetes Backblech geben und abgedeckt noch einmal ca. 15 bis 20 Min. gehen lassen.
5. Eine Fritteuse auf ca. 170 Grad aufheizen und die Donuts portionsweise darin von jeder Seite ca. 2 Minuten ausbacken (der Frittierkorb wird dabei nicht unbedingt benötigt). Die fertig ausgebackenen Donuts mit einer Schaumkelle aus dem Öl heben und auf Küchenpapier abtropfen lassen.
6. Jetzt die Schokolade in einem Wasserbad schmelzen. Jeweils eine Seite der Donuts darin zum Schluss eintauchen.

Kopenhagen-Donuts (Fritteuse/Topf)

Donuts: 25 Stück
Zutaten:

- 800 g Mehl
- 2 Päckchen Trockenhefe
- 100 g Zucker
- 70 g Butter
- 350 ml Milch
- 2 Eier (Größe M)
- Salz
- 15 g Backkakao
- 1 Eigelb (Größe M)
- 1 kg Vanillepudding
- 100 g Puderzucker
- 1–2 EL Zitronensaft
- 1–2 l Öl zum Frittieren (je nach Größe des Topfes)
- Mehl
- Puderzucker
- Backpapier
- 1 kleiner Gefrierbeutel

Zubereitung:

1. 400 g Mehl, 1 Päckchen Hefe und 50 g Zucker in einer Schüssel mischen. 35 g Butter in einem Topf bei niedrige Hitze schmelzen, 175 ml Milch zugießen und lauwarm erwärmen, vom Herd nehmen.
2. 1 Ei und 1 Prise Salz zur Mehl-Mischung geben. Milch-Butter-Mischung dazugießen. Zuerst mit den Knethaken des Handrührgerätes, dann mit den Händen ca. 4 Minuten zu einem schönen glatten Teig verkneten. Teig zu einer Kugel formen und zugedeckt ca. 1 1/2 Stunden bei Zimmertemperatur gehen lassen.
3. Dunklen Teig ebenso herstellen, allerdings zum Mehl den Kakao geben und zum Ei zusätzlich 1 Eigelb dazugeben. Beide Teige nochmals mit den Händen durchkneten und für mindestens 3 Stunden im Kühlschrank schön ruhen lassen.
4. Jetzt den hellen Teig auf einer bemehlten Arbeitsfläche 1–1 1/2 cm dick ausrollen. Dunklen Teig darauflegen und auf dem hellen Teig ausrollen, sodass

die beiden Teige sich schön verbinden. Teigplatte aufrollen und erneut 1–1 1/2 cm dick ausrollen (dabei entsteht ein geschichtetes Muster).

5. Mit einem Donutausstecher (8,5 cm Ø) Kreise ausstechen, dabei den inneren Teil nicht heraustrennen. Teigreste immer wieder verkneten (dabei entsteht ein Marmormuster), ausrollen und weitere Kreise ausstechen.
6. Teigkreise nebeneinander auf ein mit Mehl bestäubtes Backpapier setzen. Donuts leicht mit Mehl bestäuben, mit einem sauberen Geschirrtuch bedecken und ca. 1 Stunde bei Zimmertemperatur gehen lassen, bis sich das Volumen gut verdoppelt hat.
7. Öl in einem großen weiten Topf erhitzen (175°–180° C; dabei ein Fettthermometer benutzen). Portionsweise 3–4 Donuts von beiden Seiten 1 1/2–2 Minuten frittieren (mit der Schaumkelle wenden). Mit einer Schaumkelle herausnehmen und auf Küchenpapier abtropfen lassen.
8. Zwischen den Portionen immer wieder kontrollieren, ob die Temperatur noch bei 175°–180° C ist. Donuts auskühlen lassen.
9. Vom inneren Kreis soviel Teig herauslösen, dass ein fester Boden stehen bleibt. Mit je ca. 40 g Pudding füllen. Puderzucker und Zitronensaft zu einem Guss verrühren. Guss in einen Gefrierbeutel füllen.
10. Eine kleine Ecke abschneiden und Donuts schön damit verzieren. Den Guss für ca. 15 Minuten fest werden lassen. Vor dem Servieren mit Puderzucker bestäuben.

Halloween-Donuts (Fritteuse/Topf)

Donuts: 12 Stück

Zutaten:

- Für die Donuts:
- 450 g Mehl
- 60 g Zucker
- 1 TL Salz
- 2 Eier
- 200 ml lauwarme Milch
- ½ Würfel Hefe (21 g)
- 80 g weiche Butter
- Pflanzenöl zum Frittieren
- Für die Füllung:
- 150 g Kürbisfruchtfleisch
- 3 EL Apfelsaft
- 40 g Zucker
- ½ TL geriebener Ingwer
- 1 Prise Zimt
- Für die Glasur:
- 125 g Puderzucker
- 1 TL Orangensaft
- orange Lebensmittelfarbe
- 50 g Kürbiskerne

Zubereitung:

1. Das Mehl in eine Schüssel sieben und mit dem Zucker und dem Salz schön vermengen. Eine Mulde eindrücken und die Eier, die Milch und die Hefe in Stückchen dazugeben. Alle Zutaten gut miteinander verkneten. Die Butter in Flöckchen dazugeben und unterkneten. Der Teig sollte eine weiche und geschmeidige Beschaffenheit haben und sich vom Schüsselrand lösen. Nun den Teig zugedeckt an einem warmen Ort ca. 1 Stunde schön gehen lassen.

2. Das Kürbisfruchtfleisch klein würfeln und mit dem Apfelsaft in einen Topf geben. Den Zucker, Ingwer und Zimt ergänzen und 10-15 Minuten weich köcheln lassen. Danach mit dem Pürierstab fein pürieren und erkalten lassen.
3. Den Teig in 12 gleichgroße Stücke schneiden und jeweils ca. 1,5 cm dick ausrollen. Der Durchmesser sollte ca. 8 cm sein. Mit einem Küchentuch abdecken und weitere ca. 30 Minuten ruhen lassen.
4. Anschließend jeweils mittig ein kleines Loch von ca. 2 cm ausstechen.
5. Das Fett in der Fritteuse auf 150°C erhitzen und die Donuts darin portionsweise etwa 2 Minuten je Seite schön ausbacken. Danach herausnehmen und auf Küchenkrepp gut abtropfen lassen.
6. Das Kürbismus in eine Spritztülle mit kleiner Öffnung füllen. Jeweils an mehreren Stellen rundherum in die Donuts spritzen.
7. Den Puderzucker mit dem Orangensaft zu einem dickflüssigen Guss rühren. Mit Lebensmittelfarbe leuchtend orange einfärben und die Donuts damit bestreichen. Die Kürbiskerne grob hacken, darauf streuen, den Guss fest werden lassen und servieren.

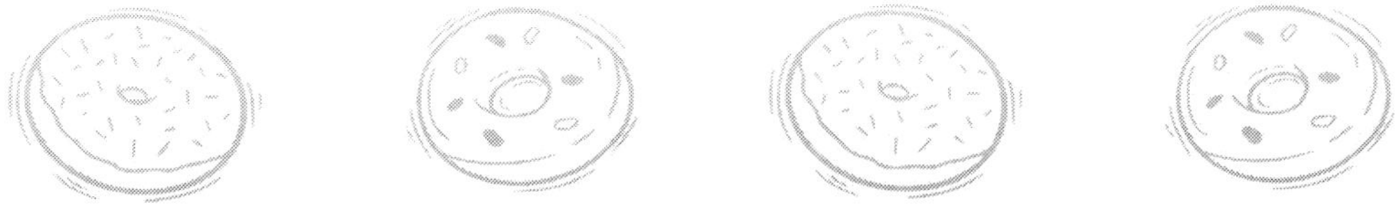

Donuts mit Eierlikörguss (Fritteuse/Topf)

Donuts: 12 Stück

Zutaten:

- 100 ml Milch
- 20 g Hefe
- 50 g Zucker
- 1/4 TL Salz
- 1/4 TL Zimtpulver
- 1 Ei
- 40 g Butter
- 275 g Mehl
- 1 kg Frittieröl
- 125 g Puderzucker
- 3 EL Eierlikör
- 30 g Pistazien (gehackt)

Zubereitung:

1. Die Milch etwas erwärmen und die Hefe darin auflösen. 1 TL Zucker dazugeben und das ganze jetzt zugedeckt für 10 Minuten gehen lassen.
2. Den noch restlichen Zucker, Salz, Zimt, Ei, Butter und Mehl zu der Hefemilch hinzugeben und das ganze gut verkneten. Nochmals für 30 Minuten zugedeckt gehen lassen.
3. Das Frittieröl auf ca. 180 Grad erhitzen. 12 Kugeln aus dem Teig formen, 10 Min. ruhen lassen. In der Mitte jeder Teigkugel mit bemehlten Finger ein Loch bohren und mit kreisenden Bewegungen erweitern, sodass ein schöner Ring entsteht. Die Donuts nun für 2 Minuten je Seite frittieren. Danach herausnehmen und auf Küchenkrepp abtropfen lassen.
4. Jetzt Likör und Puderzucker verrühren und damit die Donuts bestreichen. Nur mehr die Pistazien auf den feuchten Guss streuen.

Spezial Donuts mit Brunch, Äpfeln, Walnüssen, Ahornsirup und Bacon (Fritteuse/Topf)

Donuts: 6 Stück

Zutaten:

- 275 g Mehl
- 1 TL Backpulver
- 1 Prise Salz
- 1 Ei
- 100 g Zucker
- 80 ml Milch
- 40 g Brunch buttrig-frisch
- 1,5 l Pflanzenöl
- 80 g Brunch buttrig-frisch
- 80 ml Ahornsirup
- 200 g Staubzucker
- 100 g Walnüsse (gehackt)
- 100 g Apfelwürfel
- 1 EL Butter
- 4 Scheiben Bacon

Zubereitung:

1. Das Ei mit dem Zucker für ungefähr drei Minuten mit einem Mixer schaumig schlagen. Mehl, Backpulver und Salz zusammen mischen. 40 g Brunch und Milch in eine Schüssel geben und cremig rühren.
2. Abwechselnd etwas von der Mehlmischung und von der Milch-Brunch-Mischung zu dem Ei hinzugeben und so lange weiterrühren, bis das ganze aufgebraucht ist. Abgedeckt für 2 Stunden ruhen lassen.
3. Den Teig ca. 1,5 cm dick auf eine bemehlte Arbeitsfläche ausrollen. Mit einem Donutausstecher oder großem Glas aus dem Teig Donut-Kreise ausstechen.
4. Das Öl in einem Topf auf 180 Grad erhitzen. Donuts darin für 1-2 Minuten von jeder Seite goldbraun backen. Herausnehmen und auf Küchenkrepp abtropfen lassen.

5. Den Bacon in einer Pfanne knusprig braten, auf Küchenkrepp abtropfen und auskühlen lassen, dann in kleinere Stücke brechen und diese beiseite stellen. Den Ahornsirup und 80 g Brunch buttrig-frisch in einem Topf erhitzen und gut verrühren. Den Kochtopf vom Herd nehmen und den Staubzucker einrühren. Etwas abkühlen lassen.
6. Walnüsse hacken. Apfelstücke in einer Pfanne mit 1 EL heißer Butter für ca. 1 Minute dünsten. Abkühlen lassen. Den lauwarmen Sirup auf den Donuts verteilen, Walnüsse, Apfelstücke und den knusprigen Bacon darauf geben und die Glasur fest werden lassen.

Simpsons-Donuts (Fritteuse/Topf)

Donuts: 10 Stück

Zutaten:

- 500 g Mehl
- 4 EL Zucker
- 120 ml lauwarme Milch
- 1 Päckchen Trockenhefe
- 1 Ei
- 1 Eigelb
- 1 Prise Salz
- 4 EL weiche Butter
- 1 kg Fett zum Frittieren
- 250 g Puderzucker
- 3 EL Milch
- Rosa Lebensmittelfarbe
- bunte Zuckerstreusel

Zubereitung:

1. ¾ vom Mehl mit Zucker, lauwarmer Milch, Hefe, Ei, Eigelb und Salz in eine Schüssel geben und gut verkneten. Butter und restliches Mehl nach und nach zugeben und alles 5-7 Minuten zu einem schönen glatten Teig verkneten.
2. Teig an einem warmen Ort abgedeckt 30-45 Minuten gehen lassen, bis er sein Volumen verdoppelt hat.
3. Teig auf einer bemehlten Arbeitsfläche ca. 1,5 cm dick ausrollen und insgesamt 10 Donuts ausstechen. Dazu die ausgestochenen Teigkreise wieder gut verkneten. Die Ringe auf ein mit Backpapier ausgelegtes Brett oder Blech legen und abgedeckt ca. 1 Stunde gehen lassen.
4. Frittierfett in einer Fritteuse oder einem hohen Topf erhitzen und Donuts darin nacheinander von jeder Seite 30-35 Sekunden schön goldbraun frittieren lassen.
5. Donuts abtropfen und abkühlen lassen.
6. Jetzt den Puderzucker sieben und mit der Milch und der Lebensmittelfarbe zu einem dickflüssigen Guss anrühren. Oberseite der Donuts in den Guss tunken und mit Streuseln bestreuen.

Weihnachts-Donuts mit Konfitüre-Schmand-Guss (Fritteuse/Topf)

Donuts: 18 Stück

Zutaten:

- 825 g Mehl
- 2 Päckchen Trockenhefe
- 115 g Zucker
- 70 g Butter
- 350 ml Milch
- 2 Eier plus 1 Eigelb
- 1 Prise Salz
- 1/2 TL Lebkuchengewürz
- 5 EL Zucker
- 400 g Schmand
- 200 g Marshmallow-Creme (z.B. die Fluff)
- 50 g Johannisbeer-Gelee
- 1–2 l Öl zum Frittieren
- Mehl für das Bestäuben und die Arbeitsfläche
- Backpapier
- Frischhaltefolie

Zubereitung:

1. Die Zutaten: Mehl, Hefe und Zucker in einer großen Schüssel gründlich mischen. Bei schwacher Hitze die Butter schmelzen lassen. Milch hinzufügen und lauwarm erwärmen, vom Kochfeld nehmen. Die Milch-Butter-Mischung zum Mehl dazugeben. Eier, Eigelb und Salz gründlich verquirlen und zur Mehl-Mischung geben.
2. Mit dem Knethaken und danach mit den Händen ca. 5 Minuten zu einem glatten Teig verkneten. Den Teig zu einer Kugel formen und die Kugel für 1 ½ Stunden zugedeckt gehen lassen.
3. Danach den Teig wieder durchkneten und für ungefähr 3 Stunden im Kühlschrank ruhen lassen. Den Donutteig auf einer bemehlten

Arbeitsfläche 1 cm dick ausrollen, ca. 20 Kreise (ca. 9 cm Ø) ausstechen. In den Teigkreisen weitere Kreise von 2,5 cm Ø ausstechen.

4. Die Teigreste immer wieder verkneten und verarbeiten, bis der Teig aufgebraucht ist. Auf ein mit Mehl bestäubtes Backpapier die Teigringe nebeneinander setzen, mit Mehl bestäuben, mit Folie bedecken und für ca. 1 Stunde gehen lassen (das Volumen soll sich verdoppeln).
5. Das Lebkuchengewürz mit dem Zucker in einem Gefäß mischen.
6. Öl in der Fritteuse oder in einem Topf auf 180 Grad erhitzen. Die Donuts für 4 Minuten ausbacken. Nach der Frittierzeit die Donuts auf Küchenkrepp abtropfen lassen.
7. Die heißen Donuts in dem Gewürzzucker wenden und dann auf einem Küchengitter abkühlen lassen.
8. Schmand mit den Schneebesen des Handrührgerätes für ca. 2 Minuten aufschlagen. Danach die Marshmallow-Creme hinzugeben. So lange weiterschlagen, bis die Creme eine leicht dickflüssige Konsistenz hat. Konfitüre glatt rühren.
9. Die Marshmallow-Creme nun mit einem Löffel unter die Konfitüre heben. Mit Gefühl auf den Donuts verteilen.

Zimt-Donuts in Sternenform (Fritteuse/Topf)

Donuts: 12 Stück

Zutaten:

- ½ Würfel Hefe (21 g)
- 125 ml lauwarme Milch (3,5 % Fett)
- 250 g Dinkelmehl (Type 630)
- 1 EL Dinkelmehl (Type 630) zum Bearbeiten
- 1 ½ TL Zimt
- Salz
- 2 EL Rohrohrzucker
- 1 Ei
- 3 EL flüssige Butter (à 15 g)
- Pflanzenöl zum Ausbacken
- 200 g Vollmilchkuvertüre
- 70 g Haselnusskerne

Zubereitung:

1. Die Hefe zerkleinern und in der lauwarmen Milch auflösen. Mehl mit Zimt, 1 Prise Salz, Zucker, Ei und Butter in eine Schüssel geben. Hefemilch hinzugeben und das Ganze mit den Händen für 5 Minuten glatt kneten. Den Teig für zugedeckt ca. 30 Minuten gehen lassen.
2. Teig auf eine mit Mehl bestäubte Arbeitsfläche nochmals durchkneten und ca. 1 cm dick ausrollen. Mit einem Ausstecher 12 Sterne ausstechen. Mit einem Kochlöffelstiel in der Mitte jeweils einen kleinen Kreis ausstechen. Teiglinge nun mit einem Tuch bedecken und dann nochmal für ca. 30 Minuten ruhen lassen.
3. In einem Topf oder Fritteuse das Öl auf 175 Grad erhitzen und die Teigsterne darin portionsweise für 4–5 Minuten goldbraun backen, dabei einmal wenden. Teigsterne auf Küchenkrepp abtropfen und danach auf einem Kuchengitter 10 Minuten auskühlen lassen.
4. In der Zwischenzeit die Kuvertüre in Stücke hacken und über einem heißen Wasserbad schmelzen und danach wieder etwas abkühlen lassen. Die Haselnüsse klein hacken. Zimt-Donuts komplett in die Kuvertüre tauchen, mit gehackten Haselnüssen bestreuen und trocknen lassen.

Big Bowl Donuts (Fritteuse/Topf)

Donuts: 13 Stück

Zutaten:

- 175 ml warme Milch
- 40 g Butter
- 400 g plus ein bisschen Mehl
- 1 Päckchen Trockenhefe
- 50 g Zucker
- Salz
- 1 Ei plus 1 Eigelb
- 1-2 l Öl zum ausbacken der Donuts
- Backpapier
- 1 EL Backkakao
- ca. 500 g Vanillepudding (aus dem Kühlregal)
- 50 g + etwas Puderzucker
- 1–2 TL Zitronensaft

Zubereitung:

1. Die Butter in der warmen Milch schmelzen. Mehl, Hefe, Zucker und 1 Prise Salz gut zusammenmischen. Das Ei und Eigelb hinzugeben. Nun die Milch-Butter-Mischung zugießen. Den Teig mit den Knethaken des Rührgeräts und dann für 5 Minuten mit den Händen verkneten.
2. Teig halbieren. Den Backkakao nur unter eine Teighälfte kneten. Jetzt beide Teighälften einzeln zur Kugel formen und wieder in die Schüssel legen. An einem warmen Ort den Teig für ca. 1 ½ Stunden gehen lassen. Nach den 1 1/2 Stunden den Teig nochmals mit den Händen durchkneten und danach für 3 Stunden im Kühlschrank ruhen lassen.
3. Beide Teige nochmal kurz kneten. Die Teige nacheinander auf bisschen Mehl ca. 1 cm dick ausrollen. Den ausgerollten hellen und dunklen Teig aufeinanderlegen und zu einer Rolle aufrollen. Ca. 1 cm Dicke ausrollen. 12–15 Donuts (à ca. 8 cm Ø) mit einem Donutausstecher oder Glasrand ausstechen (hierbei aber nicht das Mittelstück herauslösen).

4. Die Teigreste wieder verkneten und diesen ausrollen. Dann wieder ausstechen. Die jetzt gefüllten Teigkreise zugedeckt ruhen lassen. Die Donuts frittieren. Danach herausnehmen und auf Küchenkrepp auskühlen lassen.
5. Von dem eingestochenen Kreis im Donut so viel Teig herausnehmen, dass ein stabiler Boden stehen bleibt. Die Donuts mit dem Vanillepudding füllen. 50 g Puderzucker und Zitronensaft glatt rühren und den Guss streifenartig über die Donuts träufeln. Jetzt nur mehr trocknen lassen und mit ein wenig Puderzucker bestäuben.

Bunte Marillen-Donuts (Fritteuse/Topf)

Donuts: 8 Stück

Zutaten:

- 150 ml Milch
- 2 EL Rum
- 1 TL Salz
- 40 g Butter (zerlassen)
- 400 g glattes Mehl
- 60 g Kristallzucker
- 1 EL Vanillezucker
- 1 Pkg. Trockengerm
- 50 g Marillenmarmelade (passiert)
- 1 Ei
- **Zutaten für die Garnitur:**
- 1 Pkg. Dekorblüten
- 200 g gelbe Fettglasur
- 200 g blaue Fettglasur
- Mehl
- Öl zum Backen

Zubereitung:

1. Die Zutaten: Milch, Rum, Salz und Butter lauwarm erwärmen. Mehl, Zucker, Vanillezucker und Germ gut vermischen. Milch-Buttermischung, Marmelade und Ei hinzugeben, die Masse mit dem Knethaken zügig zu einem glatten und geschmeidigen Teig verarbeiten. Mit einem Tuch den Teig abdecken und an einem warmen Ort für ca. 1 Stunde aufgehen lassen (das Volumen sollte sich ca. verdoppelt haben).
2. Nach der Stunde den Teig zusammenschlagen, durchkneten und auf einer bemehlten Arbeitsfläche ca. halben cm dick ausrollen. Scheiben (Durchmesser ca. 8 cm) ausstechen. Jetzt aus jeder Teigscheibe eine Scheibe (Durchmesser ca. 2 cm) ausstechen. Auf ein bemehltes Tuch die Teiglinge legen und diese noch mit Mehl bestäuben (für 30 Minuten zugedeckt aufgehen lassen). Die Donuts bei 170 Grad im Öl pro Seite für

1 Minute ausbacken. Donuts herausnehmen und auf Küchenkrepp abtropfen lassen.

3. Die Donuts quer durchschneiden und auf der unteren Hälfte mit Marillenmarmelade bestreichen, danach die obere Hälfte darauf setzen.
4. Die Fettglasuren getrennt über Dampf schmelzen lassen. Nun jeweils 8 Donuts mit der Oberseite nach unten in die gelbe sowie blaue Glasur eintauchen. Donuts jetzt wenden und mit Glasurstreifen und Dekorblüten garnieren. Nur noch die Glasur fest werden lassen.

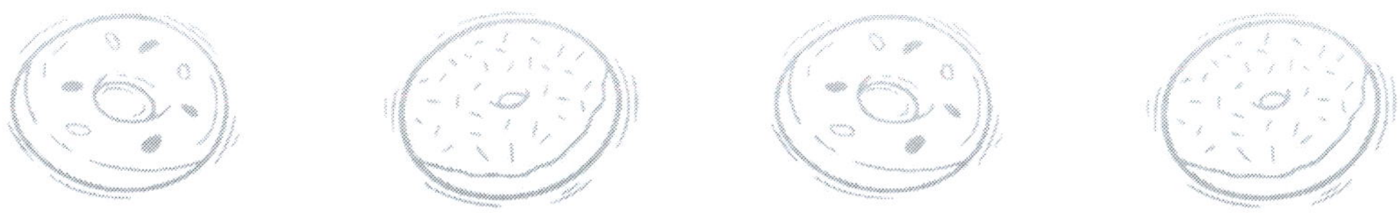

Brioche-Donuts mit Nussglasur (Fritteuse/Topf)

Donuts: 12 Stück

Zutaten:

- 30 g frische Hefe
- 375 g Mehl
- 1 EL Zucker
- 1 TL Salz
- 5 Eier
- 175 g weiche Butter
- 1 kg Öl zum Frittieren
- 100 g Haselnussglasur

Zubereitung:

1. In ca. 2 Esslöffel warmen Wasser die Hefe auflösen. Die Zutaten: Mehl, Zucker, Salz und Eier hinzugeben und dann alles schön mit den Händen für 8 Minuten zu einem geschmeidigen Teig verarbeiten (zwischendurch die Hände mit Mehl bestäuben). Nun zugedeckt ca. 1 Std. gehen lassen.
2. Mit den Händen die Butter für 3 Minuten unter den Teig kneten, bis er glänzt. Jetzt den Teig in eine geölte Schüssel geben und zugedeckt über die Nacht kalt stellen.
3. Das Öl zum Frittieren auf 180 Grad erhitzen. Auf bemehlter Fläche den Teig ca. 1 cm dick ausrollen und Ringe ausstechen. Die Donuts für 2 Minuten von jeder Seite frittieren. Die Donuts aus dem Öl herausnehmen und auf Küchenkrepp gut abtropfen lassen.
4. Donut-Glasur nach Verpackung schmelzen. Die Donuts nur noch damit bestreichen.

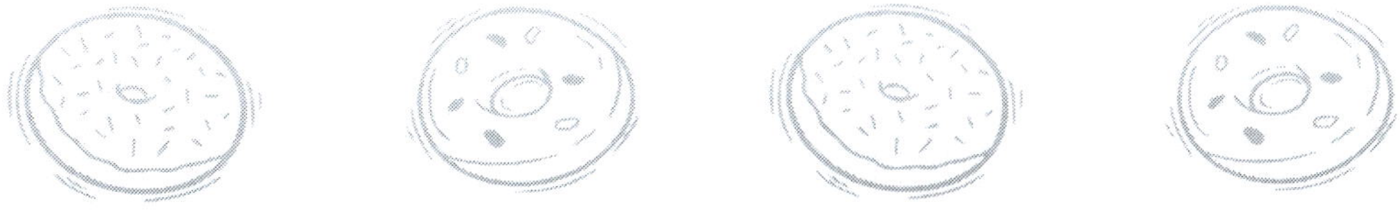

Kitty Cat Donuts mit Schokoladenglasur (Fritteuse/Topf)

Donuts: 13 Stück

Zutaten:

- 175 ml warme Milch
- 40 g Butter
- 400 g plus etwas Mehl
- 1 Päckchen Trockenhefe
- 50 g Zucker
- Salz
- 1 Ei und ein 1 Eigelb
- 1-2 L Öl zum Frittieren
- Backpapier
- 150 g Zartbitterkuvertüre
- 150 g Kuvertüre (weiße)
- 10 g Kokosfett
- ca. 30 Mandeln
- 2 Gefrierbeutel

Zubereitung:

1. Die Butter in der Milch schmelzen. Die Zutaten: Mehl, Hefe, Zucker und 1 Prise Salz gut mischen. Ei und das Eigelb hinzugeben. Die Milch-Butter-Mischung dazugeben. Zuerst den Teig mit Knethaken und dann für 5 Minuten mit den Händen verkneten. Es soll ein geschmeidiger Teig entstehen.
2. Nun den Teig zu schönen Kugeln formen und danach zugedeckt für 1 1/2 Stunden in einer Schüssel gehen lassen. Nach der Gehzeit den Teig nochmals mit den Händen einmal durchkneten. Den Teig jetzt mindestens 3 Stunden im Kühlschrank ruhen lassen.
3. Den Teig aus dem Kühlschrank nehmen, kurz kneten, ausrollen und 12–15 Donuts-Ringe (à ca. 8 cm Ø) ausstechen. Für das Loch den unteren Rand einer Spritztülle nehmen.
4. Beides jeweils in Mehl tauchen, damit nichts kleben bleibt.

5. Die Teigringe zugedeckt gehen lassen. Portionsweise frittieren. Nach dem Frittieren herausheben, auf Küchenpapier abtropfen lassen und abkühlen lassen.
6. Die beiden Kuvertüren getrennt klein hacken. Einzeln mit 5 g Kokosfett im Wasserbad schmelzen. Für die Katzenohren einfach 2 Schlitze in die Donuts stechen. Jetzt die Mandeln hineinstecken. Donuts mit den Ohren voran je zur Hälfte in die jeweilige Kuvertüre dippen. Die Donuts abtropfen und trocknen lassen.
7. Die restliche Kuvertüre für die Verzierung nehmen und in den Schälchen nochmals schmelzen. In Gefrierbeutel füllen. Je eine kleine Ecke abschneiden und auf die Donuts Katzengesichter spritzen. Nur noch trocknen lassen.

Apfel-Donuts (Fritteuse/Topf)

Donuts: 20 Stück

Zutaten:

- **Für den Teig:**
- 360 g Mehl
- 1/2 TL Zimt, gemahlen
- 1 Prise Salz
- 15 g Backpulver
- 75 ml Milch, Raumtemperatur
- 60 g Butter, geschmolzen
- 2 Eier
- 60 g Zucker
- 1 Pck. Vanillezucker, oder Vanillinzucker
- 120 g Äpfel, gehackt, säuerliche Sorten eignen sich besonders gut
- Öl, oder Pflanzenfett, zum Frittieren
- **Für die Glasur:**
- 120 g Puderzucker
- 3 EL Milch

Zubereitung:

1. Eier, Zucker und der Vanillezucker aufschlagen, bis die Masse deutlich heller und luftiger aussieht.
2. Die trockenen Zutaten bestehen aus dem Mehl, dem Backpulver, dem gemahlenen Zimt und dem Salz.
3. Damit sich später alles besser im Teig verteilt, wird das Ganze am besten kurz vermischt.
4. Danach kommen die Mehlmischung, die geschmolzene Butter und die gehackten Äpfel zu der schönen aufgeschlagenen Eimasse hinzu.
5. Nach und nach kommt noch die Milch dazu.
6. Wenn alles gut verknetet ist, sollte der Teig dann abgedeckt für ca. 2 Stunden in den Kühlschrank. Dadurch wird er fester und lässt sich später besser weiterverarbeiten.

7. Nach der Ruhezeit wird er auf einer bemehlten Arbeitsfläche auf ca. 4 mm ausgerollt und die Donuts ausgestochen. Am besten lassen sich die Donuts mit einem speziellen Donut-Ausstecher ausstechen. Es funktioniert aber auch gut mit einem Servierring, oder einer Spritztülle.
8. Damit nichts kleben bleibt, die Ausstecher immer mal wieder mit etwas Mehl bestäuben.
9. Danach die Donuts bei mittlerer Hitze in heißem Pflanzenfett ausgebacken. Wenn eine Fritteuse benutzt wird, dann stelle sie auf ca. 160 °C ein.
10. Nach dem Frittieren auf etwas Küchenpapier gut abtropfen lassen.
11. Für die Glasur den Puderzucker einfach mit etwas Milch verrühren. Sie sollte auf den Donuts verteilt werden, solange sie noch etwas warm sind, weil sie so schneller fest wird.

Long Johns Donuts (Fritteuse/Topf)

Donuts: 30 Stück

Zutaten:

- 7 g Trockenhefe (1 Pck.)
- 60 ml Wasser, lauwarm
- 250 ml Milch, lauwarm
- 60 g weiche Butter
- 50 g Zucker
- ½ TL Salz
- 1 Ei
- 400 g Mehl
- ¼ TL Muskat, evtl.
- Öl für die Schüssel
- Mehl für die Arbeitsfläche
- Fett für das Blech
- **Zutaten für die Glasur:**
- 160 g Puderzucker
- 1 EL Zucker, braun
- 1 EL Wasser
- ½ TL Vanilleextrakt
- 1 Prise Salz
- n. B. Öl zum Frittieren

Zubereitung:

1. Hefe im warmen Wasser auflösen. Milch, Butter, Zucker, Salz, Ei, evtl. Muskat und 300 g von dem Mehl dazugeben und alles glatt rühren. Vom dem restlichen 110 g Mehl soviel dazugeben, dass ein weicher Teig entsteht (**WICHTIG**: den Teig nicht kneten).
2. Den Teig in eine mit Öl ausgestrichene Schüssel geben und den Teig darin herumrollen. Schüssel abdecken und den Teig jetzt an einem warmen Ort für ungefähr 1 Stunde gehen lassen.
3. Den Teig danach ein bisschen herunterschlagen und auf eine bemehlte Arbeitsfläche legen. Jetzt den Teig mit einem Nudelholz zu einem 30 x 20

cm großen Rechteck ausrollen. Aus dem Rechteck ca. 7 x 3 cm große Stücke schneiden. Die Stücke noch auf einem Backblech (gefettet natürlich) ablegen und den Teig darauf nochmals 30 Minuten gehen lassen.

4. Eine Fritteuse oder einen Topf mit heißem Öl auf 185 Grad vorheizen. Die Donuts goldbraun frittieren und dabei einmal wenden. Die nun fertigen Donuts auf einem Küchenpapier abtropfen lassen und noch warm in die Glasur dippen.
5. In einer Schüssel Puderzucker, Zucker, Wasser, Vanilleextrakt und Salz gut verrühren. Nach dem Eindippen servieren.

Himbeer-Zitronen Donuts (Donutmaker)

Donuts: 20-25 Stück

Zutaten:

- 80 g Butter, weiche
- 50 g Zucker
- 1 Ei
- ½ Pck. Backpulver
- 1 Pck. Vanillinzucker
- 100 g Mehl
- 1 TL, gehäuft Zitronenschale, unbehandelt, abgerieben
- 2 EL Milch
- 2 EL Himbeeren, püriert, durch ein Sieb gestrichen
- ein wenig Fett für den Donutmaker
- **Für die Glasur:**
- 100 g Puderzucker
- 1 EL Zitronensaft
- evtl. Streusel

Zubereitung:

1. Zuerst den Donutmaker leicht einfetten und vorheizen. Zucker und die Butter schaumig schlagen. Das Ei unterrühren. Backpulver, Vanillinzucker, Mehl, Zitronenschale ebenfalls unterrühren und die Milch sowie das Himbeerpüree hinzugeben.
2. Donutmaker mit einem Pinsel einfetten. 1 TL Teig in die Formen geben und für ca. 5 Min. ausbacken.
3. Die fertigen Donuts mit Puderzucker bestäuben.

Donuts mit Haselnüssen (Donutmaker)

Donuts: 60 Stück

Zutaten:

- 250 g Mehl
- 1 Päckchen Backpulver
- 130 g Staubzucker
- 1 Pkg. Vanillezucker
- 250 ml Milch
- 3 Eier
- 5 EL Öl
- 1 Prise Salz
- Haselnussglasur
- Haselnusskrokant (zum Bestreuen)
- Zucker (zum Bestreuen)

Zubereitung:

1. Mehl, Backpulver, Zucker, Vanillezucker, Milch, Eier, Öl und Salz zu einem Teig verrühren. Den Donut-Teig in den Donutmaker einfüllen und für ca. 4 Minuten backen.
2. Nach der Backzeit die Donuts mit Haselnussglasur bestreichen und mit Krokanthaselnuss und Zucker bestreuen.

Donuts mit Pistazien (Donutmaker)

Donuts: 50-60 Stück

Zutaten:

- 250 g Mehl
- 1 Pkg. Backpulver
- 130 g Staubzucker
- 1 Pkg. Vanillezucker
- 250 ml Milch
- 3 Eier
- 5 EL Öl
- 1 Prise Salz
- Zimt-Vanille-Zucker (zum Bestäuben der Donuts)
- Pistazien (zum Bestreuen der Donuts)

Zubereitung:

1. Mehl, Backpulver, Zucker, Vanillezucker, Milch, Eier, Öl und Salz zu einem Teig verrühren. Jetzt den Teig in den Donutmaker geben und für ca. 4 Minuten backen.
2. Nach der Backzeit die Donuts mit Zuckerglasur bestreichen und mit kleingehackten Pistazien bestreuen.

Mini-Donuts mit bunter Zuckerguss-Glasur (Donutmaker)

Donuts: 25 Stück

Zutaten:

- 2 Eier
- 120 g Zucker
- 250 g Mehl
- 2 TL Backpulver
- ½ TL Zimt
- 1 Prise Salz
- 200 g Crème fraîche
- 3 EL Öl
- 200 g Puderzucker
- 4 EL Zitronensaft
- einige Tropfen Lebensmittelfarbe
- bunte Streusel

Zubereitung:

1. Donutmaker einschalten, damit er genug Zeit zum Vorheizen hat. Dann die Eier mit dem Zucker schön schaumig rühren. Das Mehl mit dem Backpulver, dem Salz und dem Zimt gut vermischen. Anschließend abwechselnd Crème fraîche, das Öl und die Mehl-Mischung unter die Eier rühren.
2. Den Teig in einen Gefrierbeutel geben und die Spitze des Beutels abschneiden. Die Donut-Mulden mit Öl gut einpinseln und den Teig hineinspritzen. Die Mulden nicht zu voll machen – sonst laufen die Donuts über. Den Deckel des Donutmakers schließen und die Donuts schön goldbraun backen.
3. Anschließend die Donuts vorsichtig aus der Form lösen, abkühlen lassen und in der Zwischenzeit die Glasur anrühren: Dazu den Puderzucker zusammen mit dem Zitronensaft und der Lebensmittelfarbe zu einem recht dickflüssigen Guss anrühren. Dann auf die Donuts streichen und mit Streuseln verzieren.

Donuts mit Punschglasur (Donutmaker)

Donuts: 8-10 Stück

Zutaten:

1. 200 g Mehl
2. 1 Pk Backpulver
3. 150 g weißer Rohrzucker
4. 250 ml Milch
5. 50 g geriebene Mandeln
6. 3 Eier
7. 5 EL Öl
8. 1 Prise Salz
9. 200 g Punschglasur

Zubereitung:

1. Die Zutaten: Milch, Eier, Öl, Salz und Rohrzucker schön schaumig schlagen. Das Mehl mit dem Backpulver und Mandeln vermengen und mit einrühren.
2. Donutmaker erhitzen, mit dem Teig füllen und goldbraun backen. Dann etwas abkühlen lassen.
3. Währenddessen die fertige Punschglasur im Wasserbad schmelzen lassen. Die Donuts darin eintauchen und nach Belieben mit Streuseln dekorieren.

Donuts mit Schokoladenglasur und Kokoschips (Donutmaker)

Donuts: 12-15 Stück

Zutaten:

- 3 Eier
- 260 g Mehl
- 1 Pk Backpulver
- 250 ml Milch
- 1 Pk Vanillezucker
- 130 g Zucker
- 5 EL Öl
- 1 Prise Salz
- 1 Becher Schokoladenglasur
- 7 EL Kokoschips

Zubereitung:

1. Die Eier zusammen mit Zucker und Vanillezucker gut verrühren. Mehl, Backpulver und Salz vermengen. Milch, Öl sowie die Mehlmischung abwechselnd unter die Eiermasse rühren. Den Teig jetzt für ca. 15 Minuten ruhen lassen.
2. Donutmaker vorheizen. Den Teig im Donutmaker backen. Schokoladenglasur im Wasserbad erwärmen, die Donuts damit glasieren und mit den Kokoschips bestreuen.
3. Etwas trocknen lassen und dann genießen.

Nutella-Donuts mit Orangensaftglasur (Donutmaker)

Donuts: 30 Stück

Zutaten:

- 75 g Zucker
- 2 Eier
- 3 EL Pflanzenöl, neutrales
- 1 TL Vanillearoma, oder ein Pck. Vanillinzucker
- 100 ml Milch
- 2 TL, gestr. Backpulver
- 150 g Mehl
- 3 TL, gehäuft Kakaopulver
- 1 Prise Salz
- 3 EL Nutella
- **Für die Glasur:**
- n. B. Puderzucker
- n. B. Orangensaft

Zubereitung:

1. Den Donutmaker gut einfetten und vorheizen.
2. Zucker und die Eier cremig schlagen. Vanillearoma hinzufügen. Öl unterrühren. Backpulver, Mehl, Kakao und Salz mischen und im Wechsel mit der Milch unterrühren. Nougatcreme unterrühren. Jeweils einen halben Esslöffel Teig in die Mulden geben und 4-5 Min. backen und anschließend abkühlen lassen.
3. Puderzucker und Orangensaft verrühren und auf die Donuts geben oder einfach nur mit Puderzucker bestäuben.

Donuts mit Füllung

Kokosringe-Donuts (Backofen)

Donuts: 15 Stück

Zutaten:

- **Zutaten für den Teig:**
- 100 g weiche Butter
- 2 Eier
- 100 g Zucker
- 1 Pkt. Vanillinzucker
- 160 g Mehl
- 1 Pkt. Puddingpulver, Vanillegeschmack
- ½ Pkt. Backpulver
- 60 g Kokosraspel
- 125 ml Joghurt
- 1 EL Kakaopulver
- **Zutaten für die Creme:**
- 350 ml Milch
- 1 Pkt. Puddingpulver, Vanillegeschmack
- 100 ml Eierlikör
- 100 g Butter
- 40 g Puderzucker und Puderzucker zum Bestäuben

Zubereitung:

1. 100 g weiche Butter cremig rühren, Eiern und Zucker hinzufügen und cremig rühren, dann die übrigen Teigzutaten einrühren. In die gefettete sowie leicht bemehlte Donutform, mit einem Teelöffel den Teig einfüllen. Im vorgeheizten Backofen bei 160 Grad Umluft für ca. 15-17 Minuten backen.
2. In der Zwischenzeit das Puddingpulver mit etwas Milch glatt rühren, in die kochende Milch einrühren und unter Rühren einen Pudding kochen. Den Topf von der Küchenplatte nehmen und den Eierlikör einrühren, danach auskühlen lassen. Weiche Butter mit Puderzucker cremig rühren und mit dem kalten Pudding verrühren. Die Vanillecreme ca. 15 Minuten kalt stellen.
3. Die Donuts durchschneiden, mit der Vanillecreme füllen und mit Puderzucker bestäuben.

Nutella-Donuts (Backofen)

Donuts: 5 Stück

Zutaten:

- 1/2 Tasse Butter
- 200 g Mehl
- 4 Eier
- 3 Eigelb
- 50 g Zucker
- 1 EL Maisstärke
- 250 ml Milch
- 1 Prise Salz
- 1 EL Vanille-Extrakt
- 240 g Butter
- 3 EL Nutella
- 1 Tasse Haselnüsse gehackt

Zubereitung:

1. Die Butter in einem Topf schön schmelzen lassen. Mehl in die Butter geben und zu einem schönen glatten Teig verrühren. Eier dazugeben und glatt rühren.
2. Teig in einen Spritzbeutel füllen und Teigringe auf ein Backblech spritzen.
3. Bei 180 Grad 10 Minuten backen.
4. Eigelb und Zucker in einem Kochtopf auf niedriger Stufe verquirlen. Maisstärke unterrühren. Milch einrühren. Unter ständigem Rühren aufkochen und abbinden lassen.
5. Eine Prise Salz und Vanille-Extrakt sowie Butter dazugeben. Nutella hinzugeben und glatt rühren.
6. Mit einem Holzstäbchen jeweils ein Löchlein in die Teigringe stechen. Mithilfe des Spritzbeutels die Nutella-Creme ins Innere der Teigringe spritzen.

Gefüllte Marzipan-Donuts (Fritteuse/Topf)

Donuts: 16 Stück

Zutaten:

- 40 g Marzipan
- 1 Pck. Trockenhefe
- 80 g Zucker
- 250 ml Milch, lauwarm
- 500 g Mehl
- 1 Prise Salz
- 60 g Butter
- 2 Eigelb
- 250 g Schlagsahne
- 100 g Schokodekor, -splitter oder -tröpfchen
- n. B. Kuvertüre, dunkle
- 1 Liter Öl, neutrales
- n. B. Mandelstifte

Zubereitung:

1. Den Zucker in der Milch auflösen und das Marzipan klein würfeln.
2. Das Mehl mit der Hefe vermengen.
3. Butter, Marzipan, Mehl-Gemisch, Eigelbe und Salz zur Zuckermilch geben und alles zu einem schönen glatten Teig verkneten. Etwa 40 Minuten an einem warmen Ort gehen lassen.
4. Den Teig noch einmal durchkneten und anschließend in 16 gleichgroße Stücke teilen. Diese zu Kugeln formen. Den Stiel eines Kochlöffels bemehlen und mit diesem ein Loch in die Mitte jeder Kugel bohren. Nochmals 15 Minuten gehen lassen.
5. Das Öl in einem Topf erhitzen und die Donuts portionsweise frittieren, sodass sie schön lecker knusprig-braun werden. Danach herausnehmen und auf Küchenpapier abtropfen lassen.
6. Die Sahne steif schlagen und die Schokolade unterheben. Die Donuts waagerecht halbieren und die Schokoladensahne daraufgeben. Den Donutdeckel wieder auflegen.
7. Die Kuvertüre schmelzen und auf den Donuts verstreichen. Mit Mandelstiften bestreuen und genießen.
8. Vor dem Befüllen der Donuts kann man sie auch kurz antoasten. Schmeckt auch sehr lecker.

Donuts mit Pink-Grapefruit-Creme (Fritteuse/Topf)

Donuts: 12 Stück

Zutaten:

- 100 ml lauwarme Milch
- 20 g frische Hefe
- 50 g Zucker
- 1/4 TL Salz
- 1/4 TL gemahlener Kardamom
- 1 Ei
- 40 g Butter
- 275 g Mehl
- 1 kg Öl zum Frittieren
- 2 Grapefruits
- 300 g Frischkäse (Doppelrahmstufe)
- 50 g Puderzucker

Zubereitung:

1. In der lauwarmen Milch die Hefe auflösen. In der Hefemilch 1 TL Zucker hinzufügen und alles zugedeckt für 10 Minuten gehen lassen.
2. Den restlichen Zucker, Salz, Kardamom, Ei, Butter und Mehl zur Hefemilch hinzugeben und schön glatt verkneten. Nochmals für 30 Minuten gehen lassen.
3. Öl zum Frittieren auf 180 Grad bringen. Aus dem Teig 12 Kugeln formen und diese für 10 Minuten ruhen lassen. In der Mitte jeder Teigkugel mit bemehlten Finger ein Loch bohren und mit kreisenden Bewegungen erweitern, sodass ein schöner Ring entsteht. Die Donuts für 2-3 Minuten von jeder Seite frittieren. Die Donuts herausnehmen und auf Küchenkrepp abtropfen lassen.
4. Jetzt die Grapefruits schälen und die weiße Haut gleich mit entfernen. Aus den Trennhäuten die Filets herausschneiden und den Saft dabei auffangen. Nun Frischkäse, 5 EL Saft und Puderzucker gut verrühren.
5. Die Donuts horizontal halbieren. Die unteren Hälften der Donuts mit dem Frischkäse bestreichen. Nur noch die Grapefruitfilets gut trockentupfen und diese darauf verteilen. Die oberen Hälften darauf setzen und fertig sind die Donuts.

Schoko-Cronuts (Fritteuse/Topf)

Cronuts: 5 Stück

Zutaten:

1. 250 g Frischteig für Croissant
2. 1 L Öl zum Frittieren
3. 1 Päckchen Vanillepuddingpulver
4. 500 ml Milch
5. 100 g Kuvertüre

Zubereitung:

1. Öl in der Fritteuse oder in einem großen Topf erhitzen.
2. Mehl auf der Arbeitsfläche verteilen. Croissantteig (für 6 Croissants) entrollen und die Vormarkierungen versiegeln/zusammendrücken. Den rechteckigen Teig zur Mitte rechts und links schön einklappen, sodass 3 gleichgroße Rechtecke übereinander gestapelt sind. Mit einem Nudelholz glatt rollen. Wiederholt den Teig einmal zur Mitte falten und noch einmal mit dem Nudelholz glatt rollen. Mit einem Trinkglas oder Ausstechform (ca. 8 cm) aus dem Teig Kreise ausstechen. Aus der Mitte dieser Kreise einen kleineren Kreis (ca.3 cm) ausstechen, sodass die schöne typische Donutform entsteht. Den restlichen Teig versiegeln, ausrollen, falten, etc. (siehe wieder bei Schritt 2). Aus 250 g Croissantteig können 4 Cronuts gewonnen werden.
3. Die Cronuts im heißen Öl auf beiden Seiten jeweils 2 Minuten frittieren. Danach auf Küchenpapier abtropfen lassen.
4. Für die Füllung Vanillepuddingpulver mit Milch nach Packungsanleitung zubereiten und ca. 5 Minuten abkühlen lassen. Vanillepudding in einen Spritzbeutel umfüllen und gleichmäßig in die "Cronuts" füllen.

Boston-Cream-Donuts (Fritteuse/Topf)

Donuts: 15 Stück

Zutaten:

- **Zutaten für die Füllung:**
- 4 Eigelb
- 50 g Zucker
- 1/2 Prise Salz
- 45 g Mehl, gesiebt
- 375 ml Milch, warm
- 30 g Butter, weich
- 2 Pkt. Vanillezucker
- **Zutaten für den Teig:**
- 500 g Mehl
- 2 Eier
- 65 g Zucker
- 1/2 Prise Salz
- 1/2 Prise Zimt
- 1/2 Prise Muskat
- 1/2 Würfel Hefe, oder 2 Pck. Trockenhefe
- 75 g Butter, weich
- 200 ml Milch, lauwarm
- **Zutaten für die Glasur:**
- 4 EL Ahornsirup, oder Honig, dann aber weniger Zucker
- 2 EL Wasser
- 65 g Zucker
- 15 g Butter
- 100 g Kuvertüre, klein gehackt oder Chips
- 1/2 Liter Öl, zum Frittieren

Zubereitung:

1. **Die Zubereitung der Füllung:**
2. In einem Topf Eigelb mit Zucker, Vanillezucker und Salz mindestens 2 Minuten schön schlagen. Dann das Mehl und danach vorsichtig die Milch dazugeben. Ständig rühren, damit es keine Klümpchen gibt. Bei kleiner bis mittlerer Hitze unter ständigem Rühren (aber Vorsicht, brennt sehr leicht an) zum Kochen

bringen, dann bei ganz kleiner Flamme weiter rühren, bis die Füllung schön cremig ist. Butter einrühren.

3. Zum Erkalten in eine Schüssel füllen und in den Kühlschrank stellen. Klarsichtfolie direkt auf die Creme legen, dann gibt es keine Haut.
4. Falls die Creme zu dick sein sollte, kann man vor dem Gebrauch ein wenig Milch einrühren.
5. **Die Zubereitung für den Teig:**
6. Mehl, Zucker, Salz, Zimt und Muskat vermischen. Eier und Milch verrühren, Butter einrühren. Dann die Mehlmischung mit der Eiermilch zu einem glatten und elastischen Teig verkneten. Unter einem feuchten Tuch ca. 1,5 - 2 Stunden gehen lassen.
7. **Die Zubereitung für die Glasur:**
8. Sirup, Wasser und Zucker zusammen aufkochen und solange rühren bis der Zucker ganz aufgelöst ist. Von der Flamme nehmen, etwas erkalten lassen und die klein gehackte Kuvertüre darin schmelzen, schön lassen. Dann die Butter einrühren und im Topf erkalten lassen. Falls es zu fest ist, mit etwas Milch verdünnen.
9. Den Teig auf einer bemehlten Arbeitsfläche ca. 1 cm dick ausrollen und mit einem Glas ca. 10 cm breite Ringe ausstechen. Diese auf einem mit Backpapier ausgelegten Backblech nochmal ca. eine gute halbe Stunde gehen lassen.
10. Ca. 1 Liter Öl in einem hohen Topf auf 185°C erhitzen (Holzstab oder Holzkochlöffel eintauchen, wenn der Blasen schlägt, ist es genau richtig.
11. Mit einer Schaumkelle die Donuts ins Öl gleiten lassen und ca. 1 Minute pro Seite backen. Auf Küchenpapier abtropfen und etwas abkühlen lassen.
12. Wenn alle Donuts gebacken sind, mit einer Spritztülle oder einer großen Spritze ohne Nadel in jeden Donut ca. 15-20 ml Creme spritzen. Dann in die Glasur eintauchen.

Oreo-Donuts (Fritteuse/Topf)

Donuts: 25 Stück
Zutaten:

- 1 Pck. Trockenhefe
- 250 ml Milch, lauwarm
- 80 g Zucker
- 16 Oreo-Kekse, davon nur die Kekse
- 450 g Mehl
- 1 Pck. Vanillezucker
- 1/2 TL Salz
- 1 Ei
- 65 g Butter, weich, nicht flüssig
- Frittierfett oder Pflanzenfett
- **Für die Glasur:**
- 16 Oreo-Kekse, davon nur die Füllung, am besten Oreo-Kekse mit doppelter Füllung nehmen
- 30 ml Milch
- n. B. Puderzucker

Zubereitung:

1. Trockenhefe mit etwas lauwarmer Milch und ca. 1 TL des Zuckers schön verrühren und 5 Minuten zur Seite stellen.
2. Die Kekshälften von der Creme trennen. Die Kekse ganz fein zerkrümeln, die innere Creme für die Glasur erstmal zur Seite stellen.
3. Anschließend das Mehl mit dem restlichen Zucker, dem Vanillezucker, dem Salz, der restlichen Milch, der aufgelösten Hefe, den Kekskrümeln und dem Ei schön grob verkneten. Die Butter anschließend hinzugeben und den Teig weiter kneten, bis er schön geschmeidig und glatt aussieht. Den Hefeteig anschließend (mit einem feuchten Küchentuch bedeckt) ca. 3 Stunden gehen lassen.
4. Anschließend den Teig, ohne ihn nochmal zu kneten, etwa 8 mm dick ausrollen und mit runden Ausstechern die Donuts schön ausstechen. So sollen sie dann nochmals 15 Minuten ruhen.
5. Danach die Donuts bei mittlerer Hitze (140 - 160 °C) in heißem Pflanzenfett oder Öl frittieren
6. Nach dem Frittieren die Donuts kurz auf etwas Küchenpapier abtropfen lassen.
7. Die aufbewahrte Oreo-Füllung und die Milch über ein Wasserbad, schmelzen lassen. Den Puderzucker nach und nach hinzufügen, bis die Glasur die gewünschte Konsistenz erreicht hat.
8. Die Glasur über die Donuts streichen und die zerkrümelten Oreos darauf dekorieren.

Herz-Donuts mit Marmeladenfüllung (Fritteuse/Topf)

Donuts: 15 Stück

Zutaten:

- 50 g weiche Butter
- 3 Eier
- 150 g Zucker
- 200 ml Milch
- Vanilleschoten 1 Prise
- Salz
- 1 Prise Muskat
- 625 g Mehl
- 1 Päckchen Backpulver
- Mehl zum Ausrollen
- 1 ½ l Öl zum Frittieren
- **Außerdem:**
- 150 g Erdbeerkonfitüre
- Puderzucker

Zubereitung:

1. Butter mit den Eiern und dem Zucker in einer Schüssel cremig schlagen, dann Milch, Vanillemark, Salz und Muskat unterrühren.
2. Das Mehl mit dem Backpulver mischen, nach und nach mit den Knethaken unter den Teig rühren und kneten.
3. Den Teig auf einer bemehlten Arbeitsfläche ca. 1 cm dick ausrollen. Mit einem Herz-Ausstecher Herzen ausstechen.
4. Öl in einer Pfanne oder in eine Fritteuse auf 180 Grad erhitzen. Die Donuts von beiden Seiten goldbraun frittieren.
5. Die nun fertig gebackenen Donuts auf Küchenpapier gut abtropfen und auskühlen lassen. 150 g Erdbeerkonfitüre in einen Spritzbeutel mit langer, dünner Lochtülle füllen und die Konfitüre in die Donuts spritzen. Zum Schluss nur mehr mit etwas Puderzucker bestreuen.

Cronuts mit Vanillefüllung (Fritteuse/Topf)

Cronuts: 6 Stück

Zutaten:

- 3 Packungen fertiger Croissantteig
- etwas Mehl für die Arbeitsfläche
- 1 L Öl zum Frittieren
- 100 g Zucker
- **Die Zutaten für die Füllung:**
- 1 Päckchen Vanillepuddingpulver
- 250 ml Milch
- 1 Becher Sahne
- 50 g Zucker

Zubereitung:

1. Nacheinander eine Packung Croissantteig auf eine mit Mehl bestäubte Arbeitsfläche entrollen und die Schnittflächen sanft zusammendrücken.
2. Die Teigplatte von links und rechts zur Mitte falten, sodass jetzt drei Lagen entstehen, und diese anschließend zu einem Rechteck ausrollen.
3. Nun diesen Vorgang wiederholen und den Teig wieder von den Seiten zur Mitte einschlagen. Dann rechteckig ca. 3 cm dick auswalzen und danach mit einem dünnen Glas zwei Cronuts pro Teigpackung ausstanzen. Nachdem Austanzen mit einem Messer ein Loch in die Mitte schneiden
4. Frittieröl in einem Kochtopf erhitzen und die Cronuts einzeln darin goldbraun backen. Die Cronuts zwischendurch wenden, damit sie von beiden Seiten goldbraun werden. Nach dem Backen die Cronuts auf Küchenpapier abtropfen lassen und sie noch warm in Zucker wälzen.
5. **Zubereitung für die Vanillefüllung:**
6. Vanillepudding nach der Packungsanleitung kochen, hier aber nur die Hälfte der Milch hinzugeben und zur anderen Hälfte den Becher Sahne dazugeben. Die Vanillefüllung mit einer Folie abgedeckt runterkühlen lassen.
7. Nur noch den Vanillepudding in einen Spritzbeutel füllen und mit einer Tülle vorsichtig in den Cronut spritzen.
8. Fertig sind die herrlichen Vanillecronuts.

Donuts mit Matcha Glasur und Schokoladenfüllung (Fritteuse/Topf)

Donuts: 12 Stück

Zutaten:

- 190 ml warme Milch
- 85 g Zucker
- 15 g Trockenhefe
- 70 g Butter
- 1 Packung Vanillezucker
- 1 Prise Salz
- 365 g Universalmehl
- **Zutaten für die Matcha Glasur:**
- 1 Esslöffel Matcha
- 80 g Staubzucker
- Saft von 2 Zitronen
- Rapsöl zum Frittieren
- **Zutaten für die Nougat-Donuts:**
- Nougatcreme für die Fülle

Zubereitung:

1. 190 ml warme Milch und den Zucker mit dem Germ vermischen. Germ in der Milch aufgehen lassen.
2. Eigelb, Vanillezucker und Butter verrühren und die Milch langsam einrieseln lassen.
3. Den Teig nun 2 Stunden gehen lassen. Dann den Teig ausrollen und Kreise mit einem Loch, wie oben beschrieben ausstechen und wieder 30 bis 60 Minuten gehen lassen.
4. Öl nur leicht erhitzen und die Donuts von beiden Seiten etwa 10 Minuten backen oder bis jede Seite braun ist.
5. In der Zwischenzeit den Staubzucker mit dem Zitronensaft mischen. Den Zitronensaft langsam eingießen und aufhören, sobald eine schöne homogene Masse entsteht. Den Matcha hinzufügen und die Donuts mit der Glasur übergießen.

Donuts mit Pistaziencreme-Füllung (Fritteuse/Topf)

Donuts: 14 Stück

Zutaten:

- **Zutaten für den Teig:**
- 450 g Mehl
- 60 g Zucker
- 1 TL Salz
- 2 Eier
- 200 ml lauwarme Milch
- 1/2 Hefewürfel
- 80 g weiche Butter
- **Zutaten für die Pistazien-Füllung:**
- 1 Glas Pistaziencreme (200 g)
- **Zutaten für die Glasur und Deko:**
- 125 g Puderzucker
- 4 TL Wasser
- ca. 50 g Pistazienkerne, gehackt
- **Zudem:**
- Spritzbeutel und Fülltülle
- ca. 1 l pflanzliches Öl zum Frittieren
- Schaumkelle und ein großer Topf
- runder Keksausstecher mit einem Durchmesser von (3cm) oder ein kleines Schnapsglas

Zubereitung:

1. **Zubereitung für den Teig:**
2. Butter und Hefe in kleine Stücke brechen. Mehl mit Salz und Zucker mischen und eine kleine Mulde darin machen. Butter und Hefewürfel sowie Milch und Eier dazugeben und alles zu einem glatten Teig verkneten. Wenn der Teig etwas zu klebrig erscheint, etwas mehr Mehl hinzufügen. Der Teig sollte sich leicht von dem Schüsselrand lösen – das wäre perfekt. Mit einem Tuch für 60 Minuten an einem warmen Ort abdecken und gären lassen. Den Teig aus der Schüssel nehmen, erneut zu einer langen Rolle rollen und in 14 gleich große Stücke schneiden. Jedes Teigstück zu einer Kugel formen und danach mit der Handfläche vorsichtig flach drücken.

3. Mit einem runden Ausstecher (ø 3cm) ein Loch in die Mitte jedes Fladens stechen. Danach müssen die Donuts noch 30 Minuten ruhen.
4. Öl in einen Kochtopf geben und auf ungefähr 150 Grad erhitzen. Nun die Donuts idealerweise einzeln für 2 Minuten pro Seite backen. Den dem Backen auf einem Küchenpapier abtropfen und auskühlen lassen.
5. **Zubereitung der Pistaziencreme-Füllung:**
6. Die Pistaziencreme im Wasserbad langsam erhitzen und dann direkt in den Spritzbeutel geben.
7. Donuts an drei bis vier Stellen rundherum mit der Pistaziencreme füllen.
8. **Glasieren und Dekorieren Anleitung:**
9. Den Puderzucker mit dem Wasser gründlich verrühren, bis ein Guss entsteht. Die Oberseiten der Donuts in die Glasur tunken und mit den gehackten Pistazienkernen bestreuen.

Donuts mit süßer Basilikum-Füllung (Fritteuse/Topf)

Donuts: 12 Stück

Zutaten:

- **Zutaten für die Donuts:**
- 400 g Mehl
- 2 EL Zucker
- 1 TL
- Salz
- ½ Packung Trockenhefe
- 50 g weiche Butter
- 250 ml lauwarme Milch
- 3 Eigelbe
- Mehl zum Arbeiten
- Pflanzenöl zum Frittieren
- **Zutaten für die Füllung:**
- 400 ml Milch
- 35 g Speisestärke
- 3 EL Zucker
- 2 Handvoll Basilikum
- 1 Spritzer Zitronensaft
- grüne Lebensmittelfarbe
- Zutaten für die Glasur:
- 150 g Puderzucker
- 1 EL Grenadine
- 1 TL Limettensaft
- 60 g Macadamianüsse

Zubereitung:

1. In einer Schüssel 350 g Mehl mit dem Zucker, Salz und Hefe mischen. Butter mit der Milch hinzugeben. Eigelbe dazugeben und das ganze mit dem Knethaken auf niedriger Geschwindigkeit ca. 3 Minuten verrühren. Hiernach das noch übrige Mehl dazugeben und mit den Händen

unterkneten, bis ein geschmeidiger Teig entsteht. Den Teig für 15 Minuten abgedeckt ruhen lassen.

2. Teig auf einer bemehlten Fläche ca. 1,5 cm dünn ausrollen. Ca. 7 cm große Kreise ausstechen und jeweils in die Mitte ein Loch von ungefähr 2 cm Durchmesser ausstechen. Die Donuts auf eine bemehlte Fläche mit einem Tuch abgedeckt für 1 Stunde ruhen lassen.
3. Währenddessen 4 EL Milch mit der Stärke und dem Zucker zusammenrühren. Das Basilikum verlesen und die Blätter abzupfen (ein paar Blätter zum Verzieren zur Seite legen). Die übrigen Blätter klein bzw. fein hacken. Ca. die Hälfte der Menge mit der Milch in einen Kochtopf geben und für ca. 10 Minuten köcheln lassen. Nach den 10 Minuten durch ein Sieb in einen weiteren Topf leeren. Jetzt noch einmal aufkochen lassen, vom Kochfeld ziehen, die Stärke einrühren und wieder auf dem Herd für 3 Minuten unter Rühren cremig köcheln lassen. Umfüllen und den Zitronensaft einrühren. Mit Klarsichtfolie bedeckt auskühlen lassen.
4. Das Öl in der Fritteuse oder in einem Topf auf ca. 170 Grad erhitzen. Die Donuts für ca. 3 Minuten frittieren und dabei einmal wenden. Nach dem Frittieren auf Küchenkrepp abkühlen lassen.
5. Die Cremefüllung nochmal gut durchrühren. In einen Spritzbeutel mit Tülle füllen und damit die Donuts rundherum befüllen.
6. Puderzucker, Grenadine und dem Limettensaft zu einem Guss rühren. Nüsse hacken. Die Donuts nun mit dem Guss schön glasieren, mit Nüssen bestreuen und mit Basilikum garnieren.

Klassische Donuts

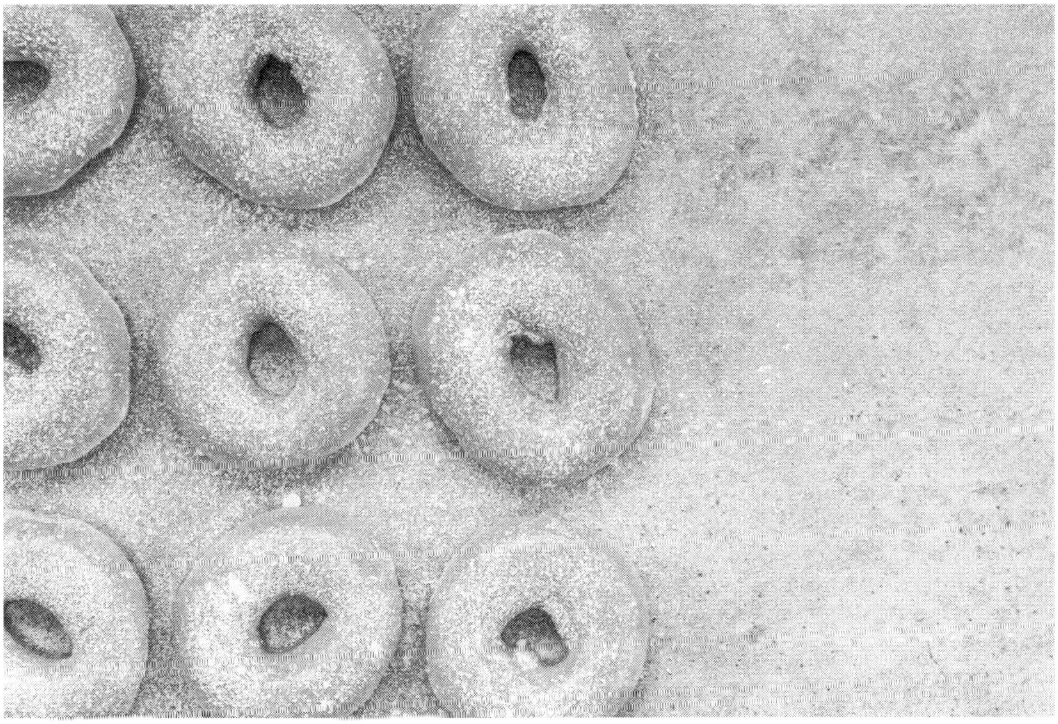

Weiße-Schokoladen-Vanille-Donuts (Backofen)

Donuts: 12 Stück

Zutaten:

- 100 g Zucker
- 100 g Schokolade, weiße
- 2 Pck. Puddingpulver, Vanille
- 125 g Mehl
- 2 Eier
- 1 Pck. Vanillezucker
- 3 TL Backpulver
- 1 TL Natron
- 100 g Quark
- 50 ml Joghurt oder Milch
- 75 g Butter

Zubereitung:

1. Butter zusammen mit der Schokolade schmelzen und abkühlen lassen.
2. Zucker zusammen mit Vanillezucker und den Eiern schön cremig schlagen. Jetzt Butter-Schokoladen Masse hinzugeben, danach den Quark und die Milch/Joghurt. Als Letztes das mit Puddingpulver, Backpulver und Natron gemischte Mehl kurz unterheben.
3. Die Masse in Donutförmchen geben.
4. Nun alles in den Backofen geben und bei 180°C Ober/Unterhitze ca. 20 Minuten backen.

Walnuss-Donuts (Backofen)

Donuts: 12 Stück

Zutaten:

- 125 g Butter
- 150 g Zucker
- 2 Eier
- 4 cl Rum
- 2 TL Backpulver
- 1 EL Kakaopulver
- 225 g Mehl
- 125 g Walnüsse, gehackt
- 2 EL Puderzucker

Zubereitung:

1. Butter, Zucker, Eier und Rum schön schaumig schlagen. Das mit Backpulver und Kakao gemischte Mehl und Walnusskerne unterrühren. Teig in die Donutform einfüllen und bei 180°C ca. 25 Minuten backen.
2. Anschließend auskühlen lassen und mit Puderzucker bestäuben.

Orangen-Mandel-Donuts (Backofen)

Donuts: 12 Stück

Zutaten:

- 50 g Mandeln, gemahlene
- 110 g Butter
- 80 g Zucker
- 2 Eier
- 150 g Mehl
- 50 g Stärkemehl
- 1 TL Backpulver
- 20 g Orangensaft
- Etwas Fett für die Förmchen

Zubereitung:

1. Mehl, Stärkemehl, Backpulver, gemahlene Mandeln und Zucker in eine Schüssel geben und sehr gut miteinander vermischen. Die restlichen Zutaten zugeben und mit dem Knethaken zu einem weichem, dickflüssigen schönen Teig verarbeiten. Den fertigen Teig in einen Spritzbeutel füllen und in gut gefettete Donutförmchen verteilen.
2. Im vorgeheizten Backofen bei 180°C etwa 20 Min. backen.
3. Anschließend können die abgekühlten Donuts mit Schokoladenguss oder Puderzucker bei Bedarf dekoriert werden.

Kokos-Donuts (Backofen)

Donuts: 30 Stück

Zutaten:

- 1 Ei
- 75 g Kokosfett
- 125 g Zucker
- 200 g Mehl
- 125 ml Milch
- 2 TL Backpulver
- 1/4 TL Salz
- etwas Muskat, gemahlen
- Puderzucker
- Fett für die Form

Zubereitung:

1. Den Zucker und das Kokosfett schön schaumig schlagen. Milch und das Ei unterrühren. Das Salz, Muskat und das Backpulver und zuletzt das Mehl hinzugeben und verrühren.
2. Die Donutform einfetten und den Backofen auf 180°C vorheizen. Den Teig in die Donutform geben und 20-25 Minuten backen.
3. Nach kurzem Abkühlen stürzen und mit Puderzucker bestreuen.

Quark-Kakao-Donuts (Backofen)

Donuts: 12-15 Stück

Zutaten:

- 150 g Mehl
- 50 g Kakaopulver
- ½ Pck. Trockenhefe
- 50 g Honig
- 25 g Zucker
- 120 ml Sahne, lauwarm
- 2 Eier
- 75 g Quark
- 1 Prise Salz
- Fett für die Backform

Zubereitung:

1. Das Weizenmehl in eine Rührschüssel sieben und mit Trockenhefe sorgfältig vermischen. Die ganzen anderen Zutaten hinzufügen und alles mit einem Mixer mit Knethaken etwa 5 Minuten lang zu einem Teig verarbeiten. Nun den Teig zugedeckt für 20 Minuten an einem warmen Ort stehen lassen, bis er sich vergrößert hat.
2. Jetzt den Teig in die gefetteten Donutformen füllen und den Teig noch einmal an einem warmen Ort gehen lassen. Bei Ober-/Unterhitze 180 Grad etwa 20 Minuten backen.

Zitronen-Quark-Donuts (Backofen)

Donuts: 12 Stück

Zutaten:

- 200 g Mehl
- 1 Pkt. Backpulver
- 1 Prise Salz
- 80 g Zucker
- 1 Pkt. Vanillezucker
- 1 Zitrone, Saft und Schale
- 4 EL Öl
- 200 ml Milch
- 100 g Magerquark
- Fett für das Blech

Zubereitung:

1. Magerquark, Zucker, Vanillezucker, abgeriebenen Zitronenschale, Zitronensaft, Milch, Öl und Salz zu einer glatten Masse verrühren. Mehl mit dem Backpulver vermischen, sieben und unterheben. Das Backblech fetten und den Teig mit einem Spritzbeutel in die Vertiefungen des Donut-Backblechs aufteilen. Hier aber nur ca. halb füllen, da sich die Teigmasse beim Backen verdoppelt.
2. Im Backofen bei 200 Grad Ober-/Unterhitze ca. 10 - 15 Minuten goldgelb backen.

Nutella-Haferflocken Donuts (Backofen)

Donuts: 5-10 Stück

Zutaten:

- 1 Ei
- 1 EL Nutella
- 1 EL Kakao
- 4 EL Haferflocken (zartschmelzend)
- 1 EL Eiweißpulver (optional)
- 1 Schuss Milch
- 1 TL Backpulver

Zubereitung:

1. Die ganzen Zutaten in eine Schüssel geben und mindestens 1 Minute lang schaumig mixen. Den Backofen auf 170 Grad vorheizen und den Teig in Donutförmchen füllen.
2. Die Donuts für 20 Minuten backen (Stäbchenprobe machen). Die Nutella-Haferflocken Donuts am besten mit warmem Nutella dekorieren.

Haferflocken-Mandel-Donuts (Backofen)

Donuts: 5 Stück

Zutaten:

- 1 Ei
- 1 EL Mandelmus
- 4 EL Haferflocken
- 1 EL Eiweißpulver (optional)
- 1 Schuss Milch
- 1 TL Backpulver
- 1/2 Flasche Bitter-Mandel-Aroma (ca. 1 ml)
- **Für die Dekoration:**
- Mandelmus
- Schokostreusel

Zubereitung:

1. Die Zutaten (außer die für die Dekoration) in eine Schüssel geben und für eine Minute lang schön schaumig rühren.
2. Backofen auf 170 Grad Backofen vorheizen.
3. Den gerührten Teig in Donutförmchen füllen und 17-20 Minuten backen.
4. Fertigen Donuts mit Schokostreusel sowie dem Mandelmus dekorieren.

Riesen-Schokodonut-Torte (Backofen)

Donuts: 1 große Donut-Torte

Zutaten:

- 3 Eiweiß
- 5 Eigelb
- 120 g Zucker
- 30 g Mehl
- 30 g Kakaopulver
- 1 Becher Schokoglasur

Zubereitung:

1. Eiweiß steif schlagen. Eidotter mit dem Zucker schaumig rühren, Kakaopulver und das Mehl untersieben.
2. Nun das Eiweiß leicht unterheben. Teig in eine mit eingeölte und Mehl ausgestäubte Donut-Backform geben, glatt streichen und bei 180 für 40 Minuten backen.
3. Die Donut-Torte auskühlen lassen und diese auf einen Rost stürzen. Nur noch mit der Schokoladenglasur überziehen.

Zitronen-Donuts (Backofen)

Donuts: 28 Stück

Zutaten:

- 100 g Butter, weich
- 100 g Zucker
- 100 g Mehl Type 405
- 2 Eier
- 1 TL Backpulver
- 1 TL Zitronenabrieb
- 150 g Puderzucker
- 10 TL Zitronensaft
- 50 g Butter, flüssige, für die Backform
- Zuckerstreusel zum Garnieren
- **Außerdem: (optional)**
- 1 EL Backkakao
- 1/2 Vanilleschote, das Mark davon

Zubereitung:

1. Den Backofen auf 160 Grad Umluft (180 °C Ober-/Unterhitze) vorheizen.
2. Zucker, Eier und Zitronenabrieb schön schaumig rühren, bis sich die Menge etwa verdoppelt hat. Die weiche Butter ebenfalls unterrühren. Das mit dem Backpulver vermengte Mehl unterrühren. Den Teig in einen Spritzbeutel oder eine Gefriertüte einfüllen.
3. Die Backform für die Donuts mit der flüssigen Butter einfetten und den Teig ca. 2/3 hoch einfüllen.
4. Auf mittlerer Schiene ca. 8 - 9 Minuten backen. Danach abkühlen lassen.
5. Aus Puderzucker und Zitronensaft den Guss herstellen und die Donuts eintunken und verzieren.

Erdbeer-Donuts (Backofen)

Donuts: 10 Stück

Zutaten:

- 260 g Mehl
- 160 g gefrorene oder frische Erdbeeren
- 200 g Honig
- 2 TL Backpulver
- ½ TL Salz
- ½ Vanille-Aroma
- 2 TL Apfelessig
- 120 ml Milch
- Donut Backform

Zubereitung:

1. Mehl, Erdbeeren, Honig, Backpulver, Salz, Vanille, Apfelessig und Milch gründlich mischen.
2. Eine Donut-Backform mit Öl gut einfetten.
3. Danach den Teig hineingeben.
4. Bei 180 °C für gute 20 Minuten backen.
5. Mit Puderzucker bestreut servieren.

Amerikanische Buttermilch-Donuts (Fritteuse/Topf)

Donuts: 15 Stück

Zutaten:

- 2 Eier
- 250 g Zucker
- 125 ml Buttermilch
- 3 EL Butter, zerlassen
- 440 g Mehl
- 1 EL Backpulver
- 1 TL Salz
- 1/4 TL Piment, gemahlen
- 1/4 TL Muskatblüte, gemahlen
- Pflanzenöl zum Frittieren
- Puderzucker zum Bestäuben

Zubereitung:

1. Eier schaumig schlagen. Nach und nach den Zucker einrieseln lassen, dann mit der weichen Butter und der Buttermilch weiter zu einer schönen cremigen Masse verrühren. Mehl mit Backpulver, Salz, Piment und Muskatblüte mischen und über die Masse sieben und vorsichtig unterheben. Den fertigen Teig 20 Minuten in den Kuhlschrank stellen.
2. Das Öl 5 cm hoch in einen Topf füllen und auf 180 - 190°C erhitzen. Während das Öl heiß wird, den Teig auf etwas Mehl 5 mm dick ausrollen und beliebig große Donuts ausstechen.
3. Die Donuts portionsweise ins heiße Öl gleiten lassen und auf jeder Seite 1,5 Minuten schön ausbacken lassen. Darauf achten, dass die Temperatur nicht absinkt. Die Donuts nach Belieben mit Puderzucker bestäuben und schön warm servieren.

Donut mit Zimtzucker (Fritteuse/Topf)

Donuts: 12-15 Stück

Zutaten:

- 400 g Mehl
- 2 EL Mehl für die Ausarbeitung
- 1 Päckchen Trockengerm
- 1 Ei
- 1 Eidotter
- 40 g Butter
- 50 g Zucker
- 175 ml Milch
- 1 Prise Salz
- 1 l Öl
- 1 EL Zucker
- 1 TL Zimt

Zubereitung:

1. In einem Kochtopf Milch warm machen, die Butter darin schmelzen, den Kochtopf beiseite stellen und diesen etwas abkühlen lassen.
2. Mehl, Germ, Zucker und Salz in einer Schüssel mischen, das Ei und Eigelb einrühren und die noch warme Butter-Milch-Mischung hinzugießen. Mit der Küchenmaschine (Knethaken) 5-6 Minuten zu einem Teig kneten. Nun den Teig zu einer Kugel formen, diesen dann zurück in die Schüssel geben und mit einem Küchentuch bedeckt etwa 1 ½ Stunden gehen lassen.
3. Mit den Händen den Teig nochmals durchkneten, danach für mindestens 3 Stunden im Kühlschrank ruhen lassen. Nach den 3 Stunden den Teig nur kurz erneut durchkneten und auf einer bemehlten Unterlage mit einem bemehlten Nudelholz etwa 1,5 cm dick ausrollen.
4. Mit einem Donut-Ausstecher (mit etwa 8 cm Durchmesser) 12-15 Donuts ausstechen. Teigreste nach dem Ausstechen zusammenkneten und erneut ausrollen und ausstechen.

5. Die Teigringe mit Abstand voneinander auf zwei mit Backpapier belegte Backbleche (noch mit etwas Mehl bestäuben) legen. Danach auch die Donuts noch etwas mit Mehl bestäuben. Die Backbleche mit einem sauberen Geschirrtuch abdecken und erneut ca. 1 Stunde an einem warmen Ort gehen lassen.
6. Das Öl in einem Topf auf 180 Grad erhitzen. Die Donuts in das heiße Fett geben und nacheinander jeweils etwa für 1,5 Minuten ausbacken, dabei zwischendurch mal wenden. Die Donuts aus dem Fett heben, auf Küchenpapier abtropfen und etwas abkühlen lassen.
7. Zum Schluss die warmen Donuts rundherum in einer Zucker-Zimtmischung (Verhältnis 4:1) wälzen und dann komplett auskühlen lassen.

Kartoffelteig-Donuts (Fritteuse/Topf)

Donuts: 8-12 Stück

Zutaten:

- 500 g Kartoffel
- 1 kg Mehl
- 2 Päckchen Trockengerm
- 300 g Milch, lauwarm
- 130 ml Öl, neutral
- 100 g Zucker
- 2 Eier
- 1 TL Salz
- 4 EL Staubzucker

Zubereitung:

1. Die Kartoffel abschälen, gründlich waschen, in grobe Stücke schneiden und in kochendem Salzwasser für ungefähr 15 Minuten garen (sie sollten weich sein). Kochwasser aus dem Topf abgießen und dabei 120 ml Flüssigkeit auffangen. Die Kartoffel mit einer Gabel zerdrücken.
2. Im Kartoffelwasser den Germ komplett auflösen.
3. Zerdrückte Kartoffel, lauwarme Milch, Öl, Zucker, Eier und Salz unter das Germwasser rühren. Mehl löffelweise untermengen. Den Teig in eine Schüssel legen, mit Öl einpinseln, abdecken und für eine Stunde an einen warmen Ort stellen (das Volumen soll sich verdoppeln). Den Teig herausnehmen, kurz durchkneten und nochmals für 30 Minuten gehen lassen. Die Arbeitsfläche mit Mehl einstauben und darauf den Teig etwa 1 cm dick ausrollen. Mit einem Donutausstecher Kreise ausstechen und diese nebeneinander legen. Die Donuts mit einem Küchentuch abdecken und nochmal 15 Minuten gehen lassen.
4. Öl in einer Fritteuse oder einem Topf auf 170 Grad bringen. Die Donuts darin von beiden Seiten goldgelb backen. Donuts auf Küchenpapier legen und die noch warmen Donuts mit Staubzucker bestreuen.

Bananen-Donuts (Fritteuse/Topf)

Donuts: 10-20 Stück

Zutaten:

- 300 g Weizenmehl (Type 405)
- 2 ½ TL Backpulver
- ½ TL Natron
- ¼ TL Muskat, gerieben
- ½ TL Salz
- 2 Eier
- 175 g Honig, flüssiger
- 1 Banane, zerdrückt
- 30 g Butter, weiche
- 125 g Schmand
- ½ TL Bananenaroma
- Mehl für die Arbeitsfläche
- Öl zum Backen der Donuts

Zubereitung:

1. Trockenzutaten wie: Mehl, Backpulver, Natron, Muskat und Salz gemeinsam sieben.
2. Eier schaumig aufschlagen. Den Honig unter Rühren hinzumischen. Banane, Butter, Schmand sowie Bananenaroma untermengen. Die Mehlmischung unterrühren. Jetzt den Teig für 2 Stunden kaltstellen.
3. Den Teig auf ein bemehltes Brett geben und zu einer Dicke von 8 mm ausrollen. Den Teig mit einem Donutausstecher ausstechen.
4. Das Öl in der Fritteuse oder in einem Topf auf 180 Grad vorheizen. Die Donuts von beiden Seiten goldbraun im Öl backen.

Glutenfreie laktosefreie Donuts (Fritteuse/Topf)

Donuts: 10 Stück

Zutaten:

- ½ Tasse Maisstärke
- 1 Tasse Reismehl
- 1 Tasse glutenfreies Mehl
- 1 TL Xanthan
- 1 1/2 TL Backpulver
- 1/3 TL Muskatnuss
- 1/4 TL Zimtpulver
- 1 TL Salz
- 1 TL Vanillinzucker
- 1/2 Tasse Zucker
- 1 TL Natron
- 1 großes Ei
- 3 EL Öl
- 1 Tasse Buttermilch

Zubereitung:

1. Ei verquirlen, mit dem Öl und der Buttermilch mischen, gut verrühren.
2. Die ganzen trockenen Zutaten in einer weiteren Schüssel mischen.
3. Jetzt langsam die trockene Mischung unter die Ei-Buttermilch Mischung heben und danach das gut kneten. Nach dem Kneten den Teig für 15 Minuten ruhen lassen.
4. Den Donutteig auf eine mit Mehl bestäubte Arbeitsfläche ca. 1 cm dick ausrollen. Mithilfe einer Küchentasse Kreise ausstechen, und mit einem Deckel einer Flasche oder einem Schnapsglas die Mitte ausstechen.
5. In einem Topf Öl erhitzen und die Donuts pro Seite 2-3 Minuten frittieren. Die Donuts herausnehmen und auf Küchenkrepp auskühlen lassen.
6. Jetzt kann man die Donuts z.B. mit Zimtzucker bestreuen.

Spanische Donuts (Fritteuse/Topf)

Donuts: 15-20 Stück

Zutaten:

- 50 g Butter
- 3 Eier
- 150 g Zucker
- 200 ml Milch
- einn bisschen Mark einer Vanilleschote
- 650 g Mehl
- 1 Prise Muskat
- 1 Päckchen Backpulver
- etwas Mehl zum Ausrollen
- 1 1/2 L Olivenöl
- etwas Zucker (zum Wenden)

Zubereitung:

1. Die Eier mit der cremig rühren. Milch, Vanillemark, Prise Salz und Muskat unterrühren. Das Mehl mit Backpulver gut mischen, das nach und nach zur Eiercreme geben und ebenfalls gut unterkneten.
2. Auf eine bemehlte Arbeitsfläche den Teig ca. 1 cm dick ausrollen. Kreise (ca. 6-7 cm Durchmesser) ausstechen. Hierraus je ein Loch (ca. 3 cm Durchmesser) ausstechen
3. Das Olivenöl auf 170 Grad erhitzen und die Donuts darin ca. 2 Minuten frittieren. Die Donuts herausnehmen und auf Küchenkrepp abtropfen lassen.
4. Nur noch in Zucker wenden und fertig sind die spanischen Donuts.

Mandel-Donuts (Fritteuse/Topf)

Donuts: 12 Stück

Zutaten:

- 70 ml Apfelwein
- 50 ml Milch
- ½ Würfel frische Hefe 21 g
- 250 g Mehl
- 40 g Butter (flüssige)
- 1 Prise Salz
- 2 Eigelbe
- 30 g Zucker
- Butterschmalz oder Pflanzenöl
- 40 g Puderzucker
- 40 g fein gemahlene Mandelkerne

Zubereitung:

1. Den Apfelwein mit der Milch in einem Kochtopf lauwarm erwärmen. Hefe zerkleinern und in der Wein-Milch-Mischung glatt rühren. Die Zutaten: Butter, Salz, Eigelbe und Zucker in eine Schüssel geben, die Hefemilch dazugießen und das Ganze mit den Knethaken zu einem glatten Teig verkneten. Jetzt für 30 Minuten zugedeckt an einem warmen Ort gehen lassen.
2. Auf einer bemehlten Arbeitsfläche den Teig noch einmal durchkneten und ca. 1 cm dick ausrollen. 12 kleine Kreise mit einem ca. 7 cm Durchmesser Ausstecher ausstechen. In der Mitte der Kreise jeweils ein Loch ausstechen (ca. 2,5 cm Durchmesser). Nun für weitere 30 Minuten ruhen lassen.
3. Öl in einem Kochtopf erhitzen. Teigringe im heißen Öl für 5 Minuten ausbacken, dabei einmal wenden. Die fertigen gebackenen Donuts auf Küchenkrepp abtropfen lassen.
4. Den Puderzucker sieben, mit den Mandeln auf einem Teller vermischen und die Donuts darin wälzen.

Blätterteig-Donuts (Fritteuse/Topf)

Donuts: 12 Stück

Zutaten:

- 400 g Blätterteig
- Butterschmalz zum Frittieren
- 120 g Puderzucker
- 1 TL Zitronensaft
- Öl zum Frittieren

Zubereitung:

1. Teig ausbreiten und Kreise von ungefähr 8 cm Durchmesser ausstechen. Danach in der Mitte jeweils einen kleinen Kreis von ca. 2 cm Durchmesser ausschneiden, sodass schöne Ringe entstehen.
2. Mit Vorsicht in das heiße Fett (ca. 170 Grad) gleiten lassen und für 4-5 Minuten goldbraun frittieren (gelegentlich wenden). Die Donuts nun mit einem Schaumlöffel aus dem Fett nehmen, auf Küchenpapier abtropfen und auskühlen lassen.
3. Puderzucker mit dem Zitronensaft dickflüssig anrühren. Mit dem Guss die Donuts überziehen und trocknen lassen.

Rosen-Donuts (Fritteuse/Topf)

Donuts: 10-12 Stück

Zutaten:

- 400 g Blätterteig
- Butterschmalz zum Frittieren
- 120 g Puderzucker
- 1 TL Zitronensaft
- 1 TL Rosensirup

Zubereitung:

1. Teig ausbreiten, Kreise von ca. 8 cm Durchmesser ausstechen. In der Mitte jeweils einen Kreis von ca. 2 cm ausschneiden, sodass Ringe entstehen. Mit Vorsicht in das heiße Fett (ca. 170 Grad) gleiten lassen und für 4-5 Minuten goldbraun frittieren (gelegentlich wenden). Die Donuts nun mit einem Schaumlöffel aus dem Fett nehmen, auf Küchenpapier abtropfen und auskühlen lassen.
2. Puderzucker mit dem Zitronensaft dickflüssig anrühren. Mit dem Guss die Donuts überziehen und trocknen lassen.

Vegane Donuts (Fritteuse/Topf)

Donuts: 12 Stück

Zutaten:

- 500 g Weizenmehl
- 80 g Zucker
- 100 g Margarine
- 300 ml Sojadrink
- 1/2 Hefewürfel
- 1 TL Salz
- **Zutaten für die Toppings:**
- 5 EL Puderzucker
- 3 EL tiefkühl Heidelbeeren

Zubereitung:

1. Die ganzen Zutaten bis zu den Toppings für ca. 10 Minuten gut verkneten. Den fertigen Hefeteig jetzt zugedeckt für mindestens 2 Stunden gehen lassen.
2. Den Hefeteig auf einer bemehlten Arbeitsfläche ca. fingerdick ausrollen und mit einem runden Ausstecher (geht super mit einem Glas) Donuts ausstechen. Die Teig-Teile für weitere 30 Minuten gehen lassen.
3. Rapsöl auf ca. 145 Grad erhitzen und die Donuts von beiden Seiten schön goldbraun backen. Die fertigen Donuts auf etwas Küchenpapier abtropfen und nach Belieben dekorieren
4. **Zubereitung für das Topping:**
5. Die gefrorene Heidelbeeren auftauen lassen und die Heidelbeer Flüssigkeit mit Puderzucker gut verrühren. Die Donuts damit verzieren und fertig sind die leckeren veganen Donuts.

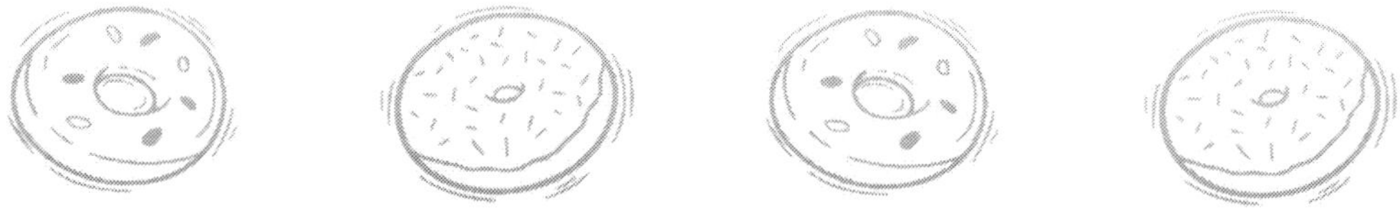

Klassische Mini Donuts (Donutmaker)

Donuts: 18 Stück

Zutaten:

- 260 g Mehl
- 130 g Zucker
- 1 Pkt. Vanillezucker
- 1/4 Liter Milch
- 3 Eier
- 5 EL Öl
- 1 Pkt. Backpulver
- 1 Prise Salz
- 30 g Puderzucker zum Bestreuen
- etwas Öl für den Donutmaker

Zubereitung:

1. Mehl, Zucker, Vanillezucker, Milch, Eier, Öl, Backpulver und Salz zu einem glatten Teig verrühren.
2. Den Donutmaker aufheizen und mit etwas Öl einölen. Jeweils 1 gestrichenen EL Teig in die Ringe füllen. Das Gerät schließen und die Donuts darin ca. 3-4 Min. goldbraun backen lassen.
3. Den übrigen Teig genauso verarbeiten. Die Donuts anschließend warm noch mit Puderzucker bestreuen.

Donuts mit Schokostückchen (Donutmaker)

Donuts: 21 Stück

Zutaten:

- 115 gr. Mehl
- 60 gr. Zucker
- 1 Prise Muskatnuss
- 60 ml Milch
- 1 Ei
- 2 EL Öl
- 1 Päckchen Backpulver
- 60 gr. Schokostückchen

Zubereitung:

1. Alle Zutaten (außer der Schokoladenstückchen) zu einem schönen glatten Teig mixen. Schokostückchen unterheben.
2. Jetzt den Donutmaker einfetten, anheizen und im Donutmaker schön backen.

Marmordonuts (Donutmaker)

Donuts: 20 Stück

Zutaten:

- 100 g Zucker
- 1 Prise Salz
- 1 Ei
- 1 TL Vanillearoma
- 2 EL Milch
- 3 EL Pflanzenöl, neutrales
- 130 g Mehl
- 1 TL, gehäuft Backpulver
- 1 ½ EL Kakaopulver
- 2 EL Milch, für den dunklen Teig

Zubereitung:

1. Den Donutmaker einfetten und vorheizen.
2. Zucker, Ei und Salz mit einem Schneebesen cremig rühren. Das Vanilleextrakt unterrühren. Milch und Pflanzenöl ebenfalls hinzufügen. Das Mehl und Backpulver mischen und langsam unterheben. Den Teig in zwei Teile teilen und in einen Teil Kakao und Milch einrühren.
3. Ab jetzt immer einen halben TL hellen Teig und einen halben TL dunklen Teig in die Donuteinkerbung einfüllen und für 3 bis 4 Minuten backen. So lange backen, bis der ganze Teig aufgebraucht ist.

Zimt-Orangen-Donuts (Donutmaker)

Donuts: 20-30 Stück

Zutaten:

- 250 g Mehl
- 130 g Zucker
- 1 Pck. Vanillinzucker
- 1 Pck. Backpulver
- ¼ Milch
- 3 Eier
- 1 EL, gestr. Orangenschale, geriebene
- evtl. Salz
- evtl. Zimt

Zubereitung:

1. Zucker und die Eier schaumig rühren. Die ganzen anderen Zutaten mit dem Teig verrühren. Sollte der Teig dann wegen des Backpulvers ein wenig säuerlich schmeckt, einfache Prise Salz dazugeben.
2. Jetzt so lange rühren, bis eine hellgelbe Masse entsteht, die natürlich flüssig ist.
3. Orangenschale von der Orange mit einer Küchenreibe abreiben und hinzugeben. Jetzt Zimt nach eigenem Geschmack dazugeben.
4. Den Teig in den Donutmaker geben und für 2-3 Minuten backen.

Mini Maronidonuts (Donutmaker)

Donuts: 10-15 Stück

Zutaten:

- 150 g Maronipüree (TK, z.B. von Iglo, gesüßt)
- 50 g Butter
- 1 Ei
- 1 TL Zitronensaft
- 1/2 TL Vanillearoma
- 1 TL Kartoffelstärke
- 1/2 TL Natron
- 100 g Schokoladenglasur (optional)

Zubereitung:

1. Butter schmelzen und mit dem Maronipüree gut verrühren. Ei, Zitronensaft und Vanillearoma hinzugeben und gut mischen. Die Kartoffelstärke und Natron mischen, über die Maronimasse streuen und gut durchrühren.
2. Den Donutmaker einfetten und aufheizen. Die Masse in die Formen füllen, zuklappen und für 2-3 Minuten backen.
3. Die Donuts herausnehmen und auskühlen lassen.

Marmeladendonuts (Donutmaker)

Donuts: 10 Stück

Zutaten:

- 100 g Marmelade
- 1 EL Zitronensaft
- 1 Banane
- 100 g Hafermehl (Haferflocken gehen auch)
- 1 Prise Salz
- 1 TL Natron
- 100 ml Hafermilch
- 50 g Marmelade (zum Bestreichen)
- Pistazien (gehackte zum Bestreuen)

Zubereitung:

1. 100 g Marmelade mit dem Zitronensaft und den Chiasamen gründlich verrühren und für 1/2 Stunde quellen lassen. Vor Ende der Zeit den Donutmaker anheizen.
2. Wenn man kein Hafermehl hat, die Haferflocken einfach in einen Mixer geben und so lange darin zerkleiner, bis sie zu einem feinen Pulver zerkleinert wurden.
3. Mehl mit Salz und Natron zusammenmischen. Die Banane mit einer Gabel gut zerdrücken und mit der Marmeladenmischung vermengen. Mehlmischung hinzugeben und gut mischen.
4. Nun den Teig in einen Spritzsack füllen und in die Formen im Donutmaker spritzen.
5. Donut für 3 Minuten im Donutmaker backen. Die fertigen Donuts auf einem Küchengitter auskühlen lassen. Die 50 g Marmelade erhitzen, Donuts damit bestreichen und mit den zerkleinerten Pistazien verzieren.

Schokoladen-Quark-Donuts (Donutmaker)

Donuts: 10-12 Stück

Zutaten:

- 150 g Mehl
- 50 g geraspelte Schokolade
- ½ Päckchen Trockenhefe
- 25 g Zucker
- 120 ml lauwarme Sahne
- 50 g Honig
- 2 Eier
- 75 g Magerquark
- 1 Prise Salz

Zubereitung:

1. Das Mehl sieben und mit der Hefe vermischen. Die beiden Zutaten mit den restlichen zu einem Teig verarbeiten.
2. Nun an einem warmen Ort für 20 Minuten gehen lassen. Den Donutmaker vorheizen. Den Teig in den Donutmaker füllen und bei 180 Grad für ca. 20 Minuten backen.

Orangen Donuts mit Buttermilch (Donutmaker)

Donuts: 40-50 Stück

Zutaten:

- 100 g Zucker
- 2 Eier
- 2 EL neutrales Pflanzenöl
- 150 ml Buttermilch
- 1 ½ TL Orangenschale, unbehandelt, abgerieben
- 200 g Mehl
- 1 Prise Salz
- 1 ½ TL, gestr. Backpulver
- ½ TL, gestr. Natron
- 1 Pck. Vanillezucker
- n. B. Puderzucker
- n. B. Orangensaft
- Fett für den Donutmaker

Zubereitung:

1. Donutmaker einfetten und vorheizen. Eier und Zucker cremig rühren. Das Öl und die Buttermilch unterrühren. Die Orangenschale, Mehl, Salz, Backpulver, Natron und Vanillezucker vermischen und unterrühren.
2. 1 TL Teig in die Mulden des Donutmakers geben und für 4 - 5 Minuten backen.
3. Wenn die mini Donuts fertig sind, diese abkühlen lassen. Aus Puderzucker und Orangensaft einen Zuckerguss herstellen und diesen auf die Donuts verteilen.

Vielen Dank

Ich möchte mich bei Ihnen bedanken, dass Sie sich für dieses Donut-Backbuch entschieden haben.

Ich hoffe, Sie konnten durch das Backbuch neue Donut-Rezepte finden, die Ihnen richtig gut gefallen haben.

Zuletzt wünsche ich Ihnen noch alles Gute und weiteres tolles Gelingen der Donuts.

Impressum

Fabian Magrutsch
Vitusgasse 7/1/3
1130 Wien

Printed by Amazon Italia Logistica S.r.l.
Torrazza Piemonte (TO), Italy

51964103R00058